列国志

GUIDE TO
THE WORLD
NATIONS

新版

李广一 | *MAURITANIA*

编著

毛里塔尼亚

社会科学文献出版社
SOCIAL SCIENCES ACADEMIC PRESS (CHINA)

毛里塔尼亚国旗

毛里塔尼亚国徽

首都最大的清真寺，由沙特阿拉伯援助建成（张春阳　谢德富　摄）

毛里塔尼亚友谊港扩建项目（孙绍岩　摄）

毛里塔尼亚畜牧业发达，图为人工饲养的骆驼，当地人爱喝骆驼奶（张春阳　谢德富　摄）

在大西洋岸边收网的毛里塔尼亚当地渔民（张春阳　谢德富　摄）

毛里塔尼亚渔民的工作餐（张颖聪　谢德富　摄）

努瓦克肖特奥林匹克体育中心（为中国无偿援建项目）（张春阳　谢德富　摄）

毛里塔尼亚当地居民楼以及蓝天（钟山　谢德富　摄）

出版说明

  《列国志》编撰出版工作自1999年正式启动，截至目前，已出版144卷，涵盖世界五大洲163个国家和国际组织，成为中国出版史上第一套百科全书式的大型国际知识参考书。该套丛书自出版以来，受到社会各界的广泛好评，被誉为"21世纪的《海国图志》"，中国人了解外部世界的全景式"窗口"。

  这项凝聚着近千学人、出版人心血与期盼的工程，前后历时十多年，作为此项工作的组织实施者，我们为这煌煌144卷《列国志》的出版深感欣慰。与此同时，我们也深刻认识到当今国际形势风云变幻，国家发展日新月异，人们了解世界各国最新动态的需要也更为迫切。鉴于此，为使《列国志》丛书能够不断补充最新资料，更好地服务于社会各界，我们决定启动新版《列国志》编撰出版工作。

  与已出版的144卷《列国志》相比，新版《列国志》无论是形式还是内容都有新的调整。国际组织卷次将单独作为一个系列编撰出版，原来合并出版的国家将独立成书，而之前尚未出版的国家都将增补齐全。新版《列国志》的封面设计、版面设计更加新颖，力求带给读者更好的阅读享受。内容上的调整主要体现在数据的更新、最新情况的增补以及章节设置的变化等方面，目的在于进一步加强该套丛书将基础研究和应用对策研究相结合，将基础研究成果应用于实践的特色。例如，增加了各国有关资源开发、环境治理的内容；特设"社会"一章，介绍各国的国民生活情况、社会管理经验以及存在的社会问题，等等；增设"大事纪年"，方便读者在短时间内熟悉各国的发展线索；增设"索引"，便于读者根据人名、地名、关键词查找所需相关信息。

顺应时代发展的要求，新版《列国志》将以纸质书为基础，全面整合国别国际问题研究资源，构建列国志数据库。这是《列国志》在新时期发展的一个重大突破，由此形成的国别国际问题研究资讯平台，必将更好地服务于中央和地方政府部门，应对日益繁杂的国际事务的决策需要，促进国别国际问题研究领域的学术交流，拓宽中国民众的国际视野。

新版《列国志》的编撰出版工作得到了各方的支持：国家主管部门高度重视，将其列入国家十二五重点出版规划项目；中国社会科学院将其列为创新工程学术出版资助项目，王伟光院长亲自担任编辑委员会主任，指导相关工作的开展；国内各高校和研究机构鼎力相助，国别国际问题研究领域的知名学者相继加入编辑委员会，提供优质的学术咨询与指导。相信在各方的通力合作之下，新版《列国志》必将更上一层楼，以崭新的面貌呈现给读者，在中国改革开放的新征程中更好地发挥其作为"知识向导""资政参考"和"文化桥梁"的作用！

新版《列国志》编辑委员会
2013 年 9 月

前　言

　　自 1840 年前后中国被迫开关、步入世界以来，对外国舆地政情的了解即应时而起。还在第一次鸦片战争期间，受林则徐之托，1842 年魏源编辑刊刻了近代中国首部介绍当时世界主要国家舆地政情的大型志书《海国图志》。林、魏之目的是为长期生活在闭关锁国之中、对外部世界知之甚少的国人"睁眼看世界"，提供一部基本的参考资料，尤其是让当时中国的各级统治者知道"天朝上国"之外的天地，学习西方的科学技术，"师夷之长技以制夷"。这部著作，在当时乃至其后相当长一段时间内，产生过巨大影响，对国人了解外部世界起到了积极的作用。

　　自那时起，中国认识世界、融入世界的步伐就再也没有停止过。中华人民共和国成立以后，尤其是 1978 年改革开放以来，中国更以积极主动的自信自强的姿态，加速融入世界的步伐。与之相适应，不同时期先后出版过相当数量的不同层次的有关国际问题、列国政情、异域风俗等方面的著作，数量之多，可谓汗牛充栋。它们对时人了解外部世界起到了积极的作用。

　　当今世界，资本与现代科技正以前所未有的速度与广度在国际流动和传播，"全球化"浪潮席卷世界各地，极大地影响着世界历史进程，对中国的发展也产生极其深刻的影响。面临不同于以往的"大变局"，中国已经并将继续以更开放的姿态、更快的步伐全面步入世界，迎接时代的挑战。不同的是，我们所面临的已不是林则徐、魏源时代要不要"睁眼看世界"、要不要"开放"的问题，而是在新的历史条件下，在新的世界发展大势下，如何更好地步入世界，如何在融入世界的进程中更好地维护民族国家的主权与独立，积极参与国际事务，为维护世界和平，促进世界与人类共同发展做出贡献。这就要求我们对外部世界有比以往更深切、更全面的了解，我们只有更全面、更深入地了解世界，才能在更高的层次上融入世界，也才能在融入世界的进程中不迷失方向，保持自我。

与此时代要求相比，已有的种种有关介绍、论述各国史地政情的著述，无论从规模还是从内容来看，已远远不能适应我们了解外部世界的要求。人们期盼有更新颖、更系统、更权威的著作问世。

中国社会科学院作为国家哲学社会科学的最高研究机构和国际问题综合研究中心，有 11 个专门研究国际问题和外国问题的研究所，学科门类齐全，研究力量雄厚，有能力也有责任担当这一重任。早在 20 世纪 90 年代初，中国社会科学院的领导和中国社会科学出版社就提出编撰"简明国际百科全书"的设想。1993 年 3 月 11 日，时任中国社会科学院院长的胡绳先生在科研局的一份报告上批示："我想，国际片各所可考虑出一套列国志，体例类似几年前出的《简明中国百科全书》，以一国（美、日、英、法等）或几个国家（北欧各国、印支各国）为一册，请考虑可行否。"

中国社会科学院科研局根据胡绳院长的批示，在调查研究的基础上，于 1994 年 2 月 28 日发出《关于编纂〈简明国际百科全书〉和〈列国志〉立项的通报》。《列国志》和《简明国际百科全书》一起被列为中国社会科学院重点项目。按照当时的计划，首先编写《简明国际百科全书》，待这一项目完成后，再着手编写《列国志》。

1998 年，率先完成《简明国际百科全书》有关卷编写任务的研究所开始了《列国志》的编写工作。随后，其他研究所也陆续启动这一项目。为了保证《列国志》这套大型丛书的高质量，科研局和社会科学文献出版社于 1999 年 1 月 27 日召开国际学科片各研究所及世界历史研究所负责人会议，讨论了这套大型丛书的编写大纲及基本要求。根据会议精神，科研局随后印发了《关于〈列国志〉编写工作有关事项的通知》，陆续为启动项目拨付研究经费。

为了加强《列国志》项目编撰出版工作的组织协调，根据时任中国社会科学院院长的李铁映同志的提议，2002 年 8 月，成立了由分管国际学科片的陈佳贵副院长为主任的《列国志》编辑委员会。编委会成员包括国际片各研究所、科研局、研究生院及社会科学文献出版社等部门的主要领导及有关同志。科研局和社会科学文献出版社组成《列国志》项目工作组，社会科学文献出版社成立了《列国志》工作室。同年，《列国志》项目被批准为中国社会科学院重大课题，新闻出版总署将《列国志》项目列入国家重点图书出版计划。

在《列国志》编辑委员会的领导下，《列国志》各承担单位尤其是各位学者加快了编撰进度。作为一项大型研究项目和大型丛书，编委会对《列国志》提出的基本要求是：资料翔实、准确、最新，文笔流畅，学术性和可读性兼备。《列国志》之所以强调学术性，是因为这套丛书不是一般的"手册""概览"，而是在尽可能吸收前人成果的基础上，体现专家学者们的研究所得和个人见解。正因为如此，《列国志》在强调基本要求的同时，本着文责自负的原则，没有对各卷的具体内容及学术观点强行统一。应当指出，参加这一浩繁工程的，除了中国社会科学院的专业科研人员以外，还有院外的一些在该领域颇有研究的专家学者。

现在凝聚着数百位专家学者心血，共计 141 卷，涵盖了当今世界 151 个国家和地区以及数十个主要国际组织的《列国志》丛书，将陆续出版与广大读者见面。我们希望这样一套大型丛书，能为各级干部了解、认识当代世界各国及主要国际组织的情况，了解世界发展趋势，把握时代发展脉络，提供有益的帮助；希望它能成为我国外交外事工作者、国际经贸企业及日渐增多的广大出国公民和旅游者走向世界的忠实"向导"，引领其步入更广阔的世界；希望它在帮助中国人民认识世界的同时，也能够架起世界各国人民认识中国的一座"桥梁"，一座中国走向世界、世界走向中国的"桥梁"。

《列国志》编辑委员会
2003 年 6 月

导　言

　　毛里塔尼亚伊斯兰共和国（The Islamic Republic of Mauritania, La République Islamique de Mauritanie）位于非洲的西北部，地处西经4°～17°、北纬15°～27°，面积103.07万平方千米。西邻大西洋，西北部与西撒哈拉相连，东北部与阿尔及利亚接壤，东南部与马里为邻，南部隔塞内加尔河与塞内加尔相望。全国3/4地区为沙漠覆盖，素有"沙漠之国"之称。毛里塔尼亚大部分地区地势平坦，只有中北部地势较高，阿德拉尔和塔甘特高原海拔800米，全国最高山峰伊吉勒山海拔915米。中南部地势虽平坦，但同中北部一样属沙漠地区，土壤贫瘠多沙石，植物稀少。只有南部塞内加尔河沿岸，土地肥沃，适合农作物生长。毛里塔尼亚气候因地而异，西北部地区为热带沙漠性气候，高温少雨，年平均气温为30℃～35℃，经常气温超过40℃，最高达到50℃。年降雨量100毫米以下。南部塞内加尔流域为热带草原性气候，5～10月为雨季，11月至翌年4月为旱季，年平均气温30℃，年降雨量250～650毫米。毛里塔尼亚还是个多风的国家，旱季，沿海地区多凉爽的海洋信风；雨季，回归线以北地区多灼热的陆地信风，即哈马丹风，回归线以南地区多热带季风。全国则经常刮东北风，强劲有力，导致沙丘逐渐往西南推进。

　　毛里塔尼亚是一个多民族的国家。主要民族为摩尔族和黑非族。摩尔族又分具有阿拉伯—柏柏尔人血统的白摩尔人和具有阿拉伯文化语言传统的黑摩尔人（哈拉廷人）。黑非族（非洲黑人）包括五个民族：图库勒族、颇尔族、索宁克族、沃洛夫族和班巴拉族。早先，摩尔族主要居住在毛里塔尼亚的北半部，从事牧业，是游牧居民；黑非族主要居住在南半部，从事农业，是定居居民。经过几个世纪的天灾人祸，摩尔族人和黑非族人迁徙频繁，上述特征已有所淡化。特别是20世纪七八十年代的长期干旱和严重沙漠化，导致大量摩尔族游牧民向南方农业区迁移，并放弃牧业，从事农业，成为定居者。此外，社会生活的现代化也把众多的摩尔族人和黑非族人吸引到城市，使城市人口剧增。无论在北方还是在南方，摩尔族和黑非族杂居的现象随处可见。毛里塔尼亚已由一个以游牧人口为主的国家变成一个以定居人口为主的国家。

毛里塔尼亚是西非伊斯兰化最早和最彻底的国家，宪法规定伊斯兰教为国教，阿拉伯语为官方语言，法语为通用语言。虽然国家保障公民有信仰的自由，但不论是摩尔族人还是黑非族人基本上都信仰伊斯兰教。摩尔族人和黑非族人在语言、文化、传统和习俗等方面存在较大差异，在经济、政治利益方面也时有矛盾，但是，毛里塔尼亚能成为一个统一的多民族国家，各民族能和睦相处，共同的伊斯兰教信仰起到了重要的作用。毛里塔尼亚从地理、人文、社会诸多方面，既是阿拉伯国家，又是非洲国家，兼有阿拉伯和非洲的文化传统和风俗习惯，因此又有"阿拉伯—非洲之桥"之称。被联合国教科文组织1996年宣布为世界文化遗产的毛里塔尼亚的四座古城（瓦拉塔、提希特、瓦丹、欣盖提）就是典型。古城内建有多座清真寺和古兰经学校，其建筑风格具有阿拉伯—伊斯兰建筑艺术的特色。古城内还建有许多民居，其建筑风格则充分展示了西撒哈拉游牧民族的传统生活方式。

毛里塔尼亚有悠久的历史，早在60万年前，人类就出现在这里。公元前4000～公元前3000年，从事农耕的黑人民族富拉尼人已生活在这里。随着毛里塔尼亚北部气候逐渐干旱，从3世纪起，富拉尼人开始南迁到塞内加尔河流域，北非的牧民柏柏尔人开始迁入毛里塔尼亚，毛里塔尼亚由此出现黑白民族共存的局面。从8世纪起，柏柏尔人建立的桑哈贾联盟、穆拉比特王朝先后统治过毛里塔尼亚。8～15世纪，西非黑人建立的加纳王国、马里帝国和桑海帝国也曾经统治过毛里塔尼亚的部分地区。7世纪开始进入北非的阿拉伯人逐渐向南进入毛里塔尼亚，他们带来的伊斯兰教、阿拉伯文字、语言以及文化习俗等逐渐深入柏柏尔人群，加上血缘相交，最终形成了今日的阿拉伯—柏柏尔民族，即摩尔人。15世纪上半叶，葡萄牙人开始侵入毛里塔尼亚，接着西班牙、荷兰、法国相继侵入。法国通过 1900～1936 年的全面侵略，最终将毛里塔尼亚变成自己的殖民地。直到第二次世界大战结束后，在非洲民族解放运动蓬勃高涨的形势下，毛里塔尼亚于 1960 年宣告独立。

独立后，毛里塔尼亚历经达达赫执政、军政府执政、塔亚执政、民主和公正军事委员会执政、阿卜杜拉希执政、阿齐兹执政六个时期。在这期间，国家政治制度和民主制度有较大的变化。1961 年宪法规定实行总统制，除执政党外严格实行党禁政策。1991 年宪法则确立了行政、立法、司法"三权分立"原则；规定实行议会制，议会实行两院制，由国民议会和参议院组成。2017 年 8 月公投通过宪法修正案，取消参议院，实行一院制；废除党禁政策，实行多党制。2006 年 6 月又进一步修改宪法，将总统任期由 6 年缩短为 5 年，将"可连选连任"改为"可连任一次"，以防止独裁和确保政权更新。毛里塔尼亚政治上的一大特点是国家政权自1978 年起就具有浓厚的军事色彩，到 2007 年成功选出首位民选总统时，其间经历了 30 年的军人政权。在此期间，军队与国家的关系密不可分。虽然在塔亚执政后期，尤其是 2006 年对宪法进行了修改并公投通过后，政府宣称走民主化道路，实行民主政治，但军队与国家政权形成的传统密切关系始终没有削弱。正由于毛里塔尼亚军队与国家政权关系密切，在1978 年到 2008 年中六次已遂和未遂政变中，军人均走在最前列，充当着重要的领军角色。

经济方面，毛里塔尼亚原为殖民地，经济基础薄弱，经济结构单一，加上自然条件差，致使农业生产滞后，粮食不能自给，国民经济的两大支柱采矿业和渔业也欠发展。独立后数十年间，政局经常不稳，政变频仍，即使有几届政府想发展经济，制定规划并采取了措施，其结果也鲜有成效，因此毛里塔尼亚经济仍十分落后，被联合国宣布为世界最不发达国家之一。2006 年，毛里塔尼亚沿海发现了石油，民众热切盼望"黑色金子"能带来富裕，但由于国内外各种因素的制约，石油工业发展成果有限。2009 年阿齐兹总统执政后，推行政治改革，积极发展经济，使政局至今基本保持稳定，经济才得以发展。现在，比较过去，国内生产总值有所提高，人口发展指数排位有所提前，人均寿命也有所延长，但世界最不发达国家的帽子尚未能摘掉。

对外关系方面，毛里塔尼亚奉行独立、和平、中立的外交政策，强调自身阿拉伯和非洲的属性，致力于睦邻友好，积极推动非洲联合与马格里布联盟建设，重视发展与欧盟、海湾国家及国际组织的关系。近年来突出外交为经济服务的方针，努力拓展国际空间，争取更多外援，迄今已同110个国家建立了外交关系。其除了是联合国、非洲联盟成员国之外，还加入了世界银行、国际货币基金组织、世界贸易组织、阿拉伯国家联盟、马格里布联盟、七十七国集团等重要国际组织。

1965年7月毛里塔尼亚与中国建交。建交后，其历届政府坚持一个中国政策，不同台湾地区发生任何官方关系；坚持对中国友好，积极发展同中国关系。毛里塔尼亚是坚决要求恢复中华人民共和国在联合国一切合法权利的提案国之一。在重大国际问题上，两国观点基本一致；在国际组织中彼此配合，相互支持。达达赫总统、海德拉主席、塔亚总统、阿齐兹总统都曾到中国访问。1964年，两国开始进行贸易，此后订有多项贸易协定。现在中国已成为毛里塔尼亚第一大贸易伙伴。中国还对该国提供经济援助，并帮助建设大型基础设施和标志性建筑。毛里塔尼亚第一大港努瓦克肖特友谊港即为中国援建。1968年，两国还签订了文化协定，中国每年接受毛里塔尼亚留学生并提供助学金。2000年，中国的兰州市与毛里塔尼亚的努瓦克肖特市结为友好城市。2012年4月，中国国际广播电台努瓦克肖特调频电台正式开播，这是中国在西亚北非地区的首家电台。中国还向毛里塔尼亚派遣医疗队，到2016年已派到第31期。由中国援建的基法市新医院已于2016年6月落成并移交给该国。2015年9月，阿齐兹总统来华进行国事访问并出席中阿博览会开幕式，习近平主席同阿齐兹总统举行了会谈。2016年12月，中国人大常委会副委员长访问毛里塔尼亚。2017年3月，中毛两国在毛里塔尼亚举办了第三届经贸混委会会议，签订了一系列协议。2017年5月，中国外长王毅访问了毛里塔尼亚。

本书较为详尽地对毛里塔尼亚的国土、人口、历史、政治、经济、旅游、文化、社会和外交等方面做了全面的介绍，期望帮助读者对这个有着独特色彩的非洲国家能有比较全面、深入的了解。本书力求做到资料准确翔实，文笔朴实流畅，可读性强。对于一些不易理解的问题，则用注释予以补充阐明。本书适用于国际关系专业和非洲问题研究的学生、研究人员和爱好者阅读，并可作为赴非旅游、务工、经商和从事外事工作人员的重要参考读物。

　　本书编写过程中，吸收了 2007 年出版的李广一主编的《毛里塔尼亚·西撒哈拉》一书中由朱杰进撰稿的有关毛里塔尼亚的部分文字和研究内容，参考了中华人民共和国外交部网站、中华人民共和国商务部网站和中华人民共和国驻毛里塔尼亚大使馆网站等相关资料。中国社会科学院西亚非洲研究所朱伟东研究员、詹世明副研究员、赵茹林副研究馆员和沈晓雷助理研究员对本书的资料收集提供了宝贵的帮助，上海外国语大学魏方园硕士参与了部分编写工作，湘潭大学张博森学士翻译了部分外文资料，在此一并致谢。

　　由于作者水平有限，加上在国内要找到该国的有关资料异常困难，因此本书难免有疏漏和错误之处，敬请广大读者批评指正。

李广一

2018 年 12 月 30 日

CONTENTS

目 录

CONTENTS

目 录

CONTENTS

目 录

CONTENTS

目　录

CONTENTS
目 录

CONTENTS
目　录

第一章

概　览

毛里塔尼亚伊斯兰共和国（The Islamic Republic of Mauritania, La République Islamique de Mauritanie, 简称毛里塔尼亚）位于非洲西北部、撒哈拉沙漠的西南部。全国大部分地区为沙漠覆盖，气候炎热干燥。摩尔族是其主要民族，阿拉伯语是其官方语言，法语为通用语言，伊斯兰教是其国教。毛里塔尼亚地处马格里布和西非之间，特殊的地理位置使其具有阿拉伯国家和撒哈拉沙漠以南非洲国家双重属性，故有"阿拉伯－非洲之桥"之称。该国民风淳朴，人民热情好客。历史悠久且保存着完好的古城及美丽的自然风光。

第一节　国土与人口

一　国土面积

毛里塔尼亚地处西经 4°~17°，北纬 15°~27°，面积 103.07 万平方千米。西邻大西洋，西北部与西撒哈拉相连，东北部与阿尔及利亚接壤，东南部与马里为邻，南部隔塞内加尔河与塞内加尔相望。广大北部和中部地区处于西撒哈拉沙漠西南部，全国 80% 的面积为沙漠所覆盖，素有"沙漠之国"之称。

毛里塔尼亚所属时区为格林尼治时区（GMT），比北京时间晚 8 小时，不实行夏时制。

二　地形气候

毛里塔尼亚全国大部分地区地势平坦，只有中北部地势较高，阿德拉尔（Adrar）和塔甘特（Tagant）山丘高原海拔 800 米，山间溪水浇灌着棕榈树，形成许多景色优美的沙漠绿洲。全国最高山峰伊吉勒山（Idjil）位于北部祖埃拉特（Zouérat）附近，海拔 915 米。广大沙漠地区土壤干燥多沙石，植物稀少。中南部萨赫勒（Sahel）地区生长有小灌木和野草，雨季降雨量充足时，许多地区成为大片牧场。南部塞内加尔河沿岸土地肥沃，适合多种农作物生长，是全国主要粮食产区。西部的毛里塔尼亚海域是世界上渔业资源最丰富的海域之一，海岸线平直，长 754 千米。

毛里塔尼亚境内唯一的河流是塞内加尔河。塞内加尔河发源于几内亚的富塔贾隆高原，向北流向马里，然后从马里流向西北，它是毛里塔尼亚和塞内加尔的界河，最后从塞内加尔的圣路易流入大西洋。[①]

塞内加尔河上游流经多雨的高原地区，在马里的卡伊以上河段多急流和瀑布，其中较大的瀑布有圭纳瀑布和费卢瀑布。卡伊以下河段蜿蜒于地势低平的草原地带，两岸支流稀少，没有瀑布和急流，河床比较平缓，河道多弯曲。

塞内加尔河虽然不是很长，但自上而下流经不同的气候区，各地降雨量相差很大，从而影响各河段河水的多寡及其季节性变化。上游雨量充沛，属多水区，年降雨量 1500~2000 毫米；下游干旱少雨，属少水区。河流水量主要来自上游河段，洪水期出现的时间自上而下逐渐推迟。卡伊的洪峰出现在 6 月中旬，下游塞内加尔境内波多尔的洪峰则出现在 9 月中旬，各地的河水量随季节变化。

地处塞内加尔河流域的西非国家有四个：几内亚、马里、毛里塔尼亚、塞内加尔。1972 年，塞内加尔、马里和毛里塔尼亚三国联合成立了开发塞内加尔河的组织——塞内加尔河流域开发组织（OMVS），负责流域治理开发规划和工程实施。塞内加尔河流域规划的方针以灌溉为主，目的是最大限度地利用全流域的水土资源。后来几内亚也宣布加入。

毛里塔尼亚除沿海和塞内加尔河沿岸气候比较湿润外，大部分地区气

---

① 世界江河数据库：《塞内加尔河》，http://www.cws.net.cn/riverdata/Search.asp？CWSNewsID=18065。

候炎热干燥。全国年平均气温在 25℃ 以上，全年有 6 个月以上的时间白天气温在 35℃ 以上，6~9 月气温经常超过 40℃，但 1~2 月气温最低时仅为 10℃。每年 7~9 月为雨季，全国年平均降雨量不足 200 毫米，北部地区年平均降雨量为 120~130 毫米，南部塞内加尔河流域年均降雨量可达 600 毫米。全年以东北风为主，导致沙丘逐渐往西南推进。

毛里塔尼亚是个多风的国家，每年 10 月至次年 6 月旱季期间，沿海地区多凉爽的海洋信风，风力很大；7~9 月雨季时，回归线以北的地区多灼热的陆地信风，即哈马丹风；回归线以南的地区多热带季风。各地季节间和昼夜间的温差很大，内地气温最低为 17℃，最高达到 50℃，沿海最低气温为 12℃，最高可达 40℃。

三 行政区划

全国划分为 15 个省（Wilaya）[①]、53 个县（Moughataa），县下设区（Arrondissement）。全国有 216 个市镇（Commune），市长、镇长由民选产生。15 个省为：西努瓦克肖特、北努瓦克肖特、南努瓦克肖特、阿德拉尔、阿萨巴、布拉克纳、达赫莱特 - 努瓦迪布、戈尔戈尔、吉迪马卡、东霍德、西霍德、因奇利、特拉扎、塔岗、提里斯 - 宰穆尔（见表 1-1）。

表 1-1 毛里塔尼亚行政区划一览表

省名	面积（平方千米）	人口（2016 年）	省会
努瓦克肖特（Nouakchott）	704	1077169	/
阿德拉尔省（Adrar）	235000	59555	阿塔尔（Atar）
阿萨巴省（Assaba）	36600	349834	基法（Kiffa）
卜拉克纳省（Brakna）	33000	315769	阿莱格（Aleg）
达赫莱特 - 努瓦迪布省（Dakhlet Nouadhibou）	23090	132949	努瓦迪布（Nouadhibou）

[①] 2014 年 12 月 11 日，经毛里塔尼亚内阁会议决议将努瓦克肖特特区分设为西努瓦克肖特、北努瓦克肖特、南努瓦克肖特三个省。新划分的 3 个省的面积和人口资料暂未能找到。表 1-1 采用的是 2016 年毛里塔尼亚国家统计局的资料。

续表

省名	面积 （平方千米）	人口 （2016 年）	省会
戈尔戈勒省（Gorgol）	13600	350291	卡埃迪（Kaédi）
吉迪马卡省（Guidimaka）	10300	285752	塞利巴比（Sélibaby）
东胡德省（El Hodh el-Gharbi）	53400	306621	阿云阿特鲁斯（Aioun el Atrouss）
西胡德省（El Hodh ech-Charghi）	182700	466848	内马（Néma）
因希里省（Inchiri）	46800	20386	阿克茹特（Akjoujt）
塔甘特省（Tagant）	98340	80217	提吉克贾（Tidjikja）
特拉扎省（Trarza）	67800	284453	罗索（Rosso）
提里斯－宰穆尔省（Tiris Zemmour）	252900	52855	祖埃拉特（Zouérat）

数据来源：毛里塔尼亚国家统计局网站："Annuaire Statistique de Mauritanie 2016"，http：//www.ons.mr。

四 国旗、国徽、国歌

（一）国旗

毛里塔尼亚国旗呈长方形，长与宽之比为 3∶2。旗底为绿色，中央为一弯黄色新月和一颗黄色五角星。[①] 伊斯兰教是毛里塔尼亚的国教，绿色是伊斯兰国家喜爱的颜色，新月和五角星是伊斯兰国家的标志，象征繁荣和希望。2017 年 8 月，经公投修宪，毛里塔尼亚更新了国旗与国歌，新国旗在上下两端各加了一条红色条纹。红色代表反抗殖民主义斗争中斗士的鲜血。

（二）国徽

国徽采用国玺的图案。国玺为圆形，由两个大小不同的同心圆重叠构成。小圆面上有一弯新月和一颗五角星，象征毛里塔尼亚为伊斯兰国家。新月前有一棵棕榈树和玉米穗，象征该国的农作物。大圆面周围分别用阿拉伯文和法文写着"毛里塔尼亚伊斯兰共和国"。

---

① 《毛里塔尼亚概况》，人民网，http：//world.people.com.cn/GB/8212/72474/72476/4991846.html。登录时间：2018 年 4 月 14 日。

（三）国歌

国歌为《毛里塔尼亚伊斯兰共和国国歌》（National Anthem of Mauritania），歌词取自 18 世纪诗人巴巴·乌尔德·谢赫（Baba Ould Cheikh）的一首诗歌，由法国音乐家托利亚·尼基普鲁瓦斯基（Tolia Nikiprowetzky）作曲，自 1960 年毛里塔尼亚独立之时起便被确定为国歌。国歌歌词是：为真主尽力，严守所有禁忌，执行真主要你服从的法律，没有人能得利或弊，除了为真主，要走指定的道路，至死不渝！我们无论先后都一样充裕，敬爱真主，与邪恶的人远离。他们以各种借口，造假诋毁真主。他们胆大妄为，玷污笔记。他们教人受苦，无论是游牧或定居，他们篡改教条罪大恶极。假如有争论者，要你为他们的主张而争议，除非是客观的争论，否则置之不理。[①]

2017 年修宪后，新的毛里塔尼亚国歌由拉吉·达乌德（Rageh Daoud）作曲。

毛里塔尼亚的官方格言是：荣誉、友爱、正义（Honor，Fraternity，Justice）。

五　人　口

毛里塔尼亚全国总人口约为 430 万。[②] 总体上分为摩尔族（Maure）和黑非民族（非洲黑人）两大类。摩尔人占毛里塔尼亚人口的 2/3 左右，主要依据血统和社会地位分为白摩尔人和哈拉廷人（又称黑摩尔人）两个分支。白摩尔人（阿拉伯－柏柏尔血统）约占总人口的 30%，具有阿拉伯文化语言传统的哈拉廷人约占总人口的 40%，黑非民族约占总人口的 30%。主要黑非民族有图库勒族（Toucouleur）、颇耳族（Peul）、索宁克族（Soninke）、沃洛夫族（Wolof）和班巴拉族（Bambara）五个分支。黑非民族的社会地位较低且主要居住在毛里塔尼亚的南部狭窄地区。

---

① 《毛里塔尼亚伊斯兰共和国国歌》，http：//yznc. blog. 163. com/blog/static/23788431200903114813288/。登录时间：2016 年 12 月 18 日。

② 数据来源：Country Report 2st Quarter 2018, *Economist Intelligence unit.*

在 20 世纪 70 年代到 80 年代早期，毛里塔尼亚经历了大规模的人口迁移，大量人口从农村迁入城镇。1972 年，首都努瓦克肖特的人口占全国总人口的 18%，到 1984 年，这一比例增长到 35%。1988 年，努瓦克肖特的人口总数是 393300 人，到 2000 年增长到 588195 人。重要经济城市努瓦迪布和罗索的人口分别由 1988 年的 59200 人和 27783 人增加到 2000 年的 72337 人和 48922 人。到 2013 年，努瓦克肖特的人口已达到 958399 人。伴随着农村人口的迁移，人们逐渐开始在城市地区定居（见表 1 - 2）。1963 年，毛里塔尼亚约 83% 的人属于流动人口，定居人口只占人口总数的 17%，到 1988 年，定居人口的比例增长到 88%，其中大部分人居住在大城镇中，流动人口比例则缩减到 12%。2013 年，据统计，流动人口仅余 71122 人，约占总人口的 2%。[1]

表 1 - 2　主要城市人口（2013 年）

单位：人

城市	人口	城市	人口
努瓦克肖特	958399	阿莱格	101512
努瓦迪布	121122	提吉克贾	34875
阿穆日（Amourj）	94559	阿克儒特	19639
基法	110714	塞利巴比	198688
罗索	57726	布提里米特（Boutilimit）	63193
卡埃迪	121726	阿塔尔	38877
廷坦（Tintane）	97169	达奈姆（Dar Naim）	144043
祖埃拉特	44649	阿云阿阿特鲁斯（Aioun el Atrouss）	65237
博格（Boghe）	72242	内马	87048

数据来源：毛里塔尼亚国家统计局网站 "Annuaire Statistique de Mauritanie 2016"，http: // www. ons. mr。

六　民族

毛里塔尼亚是一个多民族的国家，主体民族为摩尔族和黑非民族

---

[1] *Africa South of the Sahara 2016*, edited by Europa Publications, Routledge, 2015, p. 805.

（非洲黑人）。早先摩尔族主要居住在北半部，黑非民族主要居住在南半部；摩尔族主要从事牧业，黑非民族主要从事农业；摩尔族主要是游牧人口，黑非民族主要是定居人口。几个世纪以来，由于天灾人祸，摩尔族和黑非民族迁徙频繁，上述特征已有所淡化。特别是 20 世纪七八十年代的长期干旱和严重沙漠化，导致大量摩尔族游牧民向南方农业区迁移，或涌向城市，不少摩尔族人放弃牧业，从事农业，变成定居者。同时，社会生活的现代化也把众多的摩尔人和黑人吸引到城市，使城市人口剧增。无论在北方还是在南方，摩尔族和黑非民族杂居的现象随处可见。毛里塔尼亚逐渐由一个以游牧人口为主的国家变成一个以定居人口为主的国家。摩尔人和黑人通婚现象也比较普遍。摩尔族中的上层人士也和黑人通婚。无论在摩尔人中还是在黑人中都有很多混血人。现在区分摩尔人和黑人已不能单纯以黑白肤色为标准，而主要依据此人的祖先是谁、讲何种语言以及遵从何种习俗和传统了。

（一）摩尔族

毛里塔尼亚的摩尔人分为白摩尔人和黑摩尔人，都讲阿拉伯方言哈桑语（Hassaniya）。从广义讲，摩尔人是指 11 ~ 17 世纪创造了阿拉伯安达卢西亚文化，随后在北非定居下来的西班牙穆斯林居民或阿拉伯、西班牙和柏柏尔人的混血后代。毛里塔尼亚的摩尔人则主要是阿拉伯征服者与当地的柏柏尔人融合后形成的阿拉伯 – 柏柏尔民族，其中含有黑人血统。虽然摩尔人有柏柏尔人的血统，但大部分摩尔人都认为自己是纯粹的阿拉伯人。并以此为荣，不愿承认自己是柏柏尔人。毛里塔尼亚的摩尔人最重要的标志是其摩尔文化和独特的哈桑语。

摩尔人从事的主要生产活动是牧业。除此之外，也在绿洲种植农作物，从事手工业和商业。像其他的游牧民族一样，摩尔人很善于经商，在整个西非有很多摩尔族的商人。出身于贵族的摩尔人看不起牧业和商业以外的其他生产活动。因此，耕地、手工业等其他职业都由摩尔人中社会地位低下的黑摩尔人从事。

（二）黑非民族

毛里塔尼亚南部塞内加尔河流域住着五个黑非民族：图库勒族、颇耳

族、索宁克族、沃洛夫族和班巴拉族。图库勒族和颇耳族又被称为哈尔布拉尔人（Halpulaaren，单数为 Halpoulaar），讲布拉尔语。

图库勒、颇耳、索宁克、沃洛夫和班巴拉五个黑非民族集中居住在塞内加尔河沿岸的内马地区。图库勒人和颇耳人有共同的祖先，都讲布拉尔语，但他们的生活和生产方式有很明显的区别。图库勒人完全是定居人口，从事农耕。颇耳人则是半定居人口，大部分生活在卡埃迪地区，即塞内加尔河流域雨季期间河水淹不到的地区，主要从事牧业，即便从事农业，也只是种植一些靠雨水浇灌的农作物。下面对五个黑非民族做一简介。

图库勒族 图库勒族曾于公元 10～18 世纪在富塔托洛地区建立了一个特克鲁尔王国。图库勒族的名字便是从特克鲁尔转化而来的，亦称为富塔托洛人。图库勒人于公元 18 世纪建立图库勒帝国。19 世纪中叶，图库勒帝国崩溃，图库勒人分散到西非各地。图库勒族是毛里塔尼亚黑非民族中人数最多的，分为自由人、手工业者和奴隶。自由人属一等社会阶层，包括统治的贵族阶级、武士和地主阶级。手工业者属二等社会阶层，主要是织布工人、陶瓷器制造者、修鞋匠、铁匠、首饰匠和木匠，另外还有为贵族服务的乐师和乐谱学家。乐师分为歌手、击鼓手和吉他手。三等社会阶层是被解放的俘虏和奴隶，他们主要替主人从事家庭和农业劳动。

颇耳族 又称富拉尼族或富尔贝族，生活在从乍得湖畔到大西洋岸边的萨赫勒地区。在塞内加尔河畔的颇耳族属半定居人口，大部分人生活在塞内加尔。毛里塔尼亚的颇耳族是以放牛为主的牧民，但 20 世纪 70～80 年代严重的干旱导致大量牛群死亡，现在的颇耳人已开始从事农业生产了。

索宁克族 也称为萨拉科列族或萨拉利莱族，主要分布在塞内加尔河畔，从事农业，主要种植粟子。索宁克人生活在集体村庄里，基本是定居人口，最喜欢养马。如果说摩尔人喜欢骆驼，颇耳人喜欢牛，那么索宁克人则喜欢马，他们认为马是高贵的象征，索宁克族的每一个家庭至少要养一匹马。

沃洛夫族 沃洛夫人原先生活在塞内加尔河以北，先是被图库勒人赶往西部，后又被摩尔人赶过塞内加尔河，大多数人生活在塞内加尔，在毛里塔尼亚只留下一小部分人。沃洛夫人绝大部分是农民，种植花生、玉蜀黍及高粱，但也有许多人做商人、金银匠、裁缝、木匠、教员和公务员。

班巴拉族 在马里占人口的多数，而在毛里塔尼亚则是黑人少数民族，生活在东南部靠近马里的边境地区。

七 语言

1968 年 3 月 4 日毛里塔尼亚颁布的法令规定，阿拉伯语和法语同为官方语言。1991 年 7 月 12 日通过的宪法规定，阿拉伯语为官方语言，法语为通用语言。民族语言有哈桑语、布拉尔语、索宁克语和沃洛夫语。哈桑语是从阿拉伯语派生出来的语言，与阿拉伯文言文很相似，所有摩尔人都讲哈桑语。布拉尔语为图库勒人和颇耳人使用。索宁克语和沃洛夫语为索宁克人和沃洛夫人使用。1979 年，在黑非少数民族的强烈要求下，毛里塔尼亚民族语言学院成立，研究制定了布拉尔语、索宁克语和沃洛夫语的拼音方案。

第二节 宗教与民俗

一 宗教

宪法规定，伊斯兰教为毛里塔尼亚国教，但同时规定，国家保障公民有信仰自由的权利。毛里塔尼亚是西非伊斯兰化最早和最彻底的国家。公元 743 年，首批阿拉伯骑士来到毛里塔尼亚北部地区，开始向当地的柏柏尔人和黑人传播伊斯兰教，柏柏尔人最终接受了阿拉伯语言、习俗和宗教，于是毛里塔尼亚完全被伊斯兰化。接着，毛里塔尼亚就成为伊斯兰教由北非传入非洲其他地区的主要通道，不少毛里塔尼亚伊斯兰教徒成为向西非传播伊斯兰教的布道者。

毛里塔尼亚被全面伊斯兰化已有千年之久，是伊斯兰教世界中最封闭的国家之一。自公元 10 世纪至今，毛里塔尼亚一直存在着一种名叫马哈德拉的学校。这是一种以传播《古兰经》为主的传统民间学校，它在普及伊斯兰宗教和文化方面起到了十分重要的作用。摩尔族中的马拉布特文人阶层最早接受了伊斯兰教和伊斯兰文化，对伊斯兰教最熟悉，长期担负着传播伊斯兰文化的任务，是毛里塔尼亚伊斯兰教中的权威。毛里塔尼亚穆斯林均属于逊尼派中的马立克分支学派。毛里塔尼亚的欣盖提古城是世界上最有名的伊斯兰古城之一。

毛里塔尼亚独立后的第一部宪法规定，国名为毛里塔尼亚伊斯兰共和国，国教为伊斯兰教。独立以来，政府一贯推行伊斯兰化和阿拉伯化的政策。1979 年 4 月，军政府颁布法令规定，国家保障公民信仰自由的权利。1980 年 4 月，政府宣布毛里塔尼亚实行伊斯兰法。1985 年颁布的宪法规定，伊斯兰教是国家和人民的宗教，伊斯兰法是法律的唯一源泉。1991年宪法规定，伊斯兰教为毛里塔尼亚国教。

伊斯兰教在保障毛里塔尼亚的民族团结和国家统一方面起着重要的作用。摩尔族和黑非民族在语言、文化、传统、习俗等方面存在很大差异，在经济、政治方面时有利益冲突，但共同的伊斯兰教信仰使毛里塔尼亚成为一个统一的多民族国家，各民族基本上能够和睦相处。毛里塔尼亚的国家体制建立在伊斯兰教教义的基础上，伊斯兰教法是国家法律的主要依据，对国家立法有着重要的作用。伊斯兰教领袖对政府有一定的影响，但宪法规定政教分开，宗教人士不得参与政治。1961 年，在毛里塔尼亚的布提里米特（Boutilimit）成立了全国伊斯兰高等学院，该学院于 1972 年暂时关闭，1979 年迁到努瓦克肖特，改为高等伊斯兰研究学院。

二　民俗

（一）民风习俗

从地理、人文、社会诸方面看，毛里塔尼亚既是阿拉伯国家，又是非洲国家，被称为"阿拉伯－非洲之桥"，因此兼有阿拉伯和非洲的风俗习惯。

毛里塔尼亚国名中含有"摩尔人的国家""摩尔人的土地"的意思，

因其主要民族是摩尔人，约占全国人口的 70%。毛里塔尼亚人主要信奉伊斯兰教，所以进餐时不喝酒。如遇特大喜事举行宴会时，通常吃烤羊。毛里塔尼亚人非常喜爱饮茶，茶也是待客的必需品。

毛里塔尼亚是传统的牧业国家，人民世代住惯了帐篷。近年来，随着城市建设的发展，居民普遍住上阿拉伯式的水泥砖房。毛里塔尼亚居民无论是摩尔人还是黑人，老人还是孩童，个个能歌善舞。男人身材修长，歌喉圆浑，爱跳强有力的土风舞。女人都很健壮，一边引吭高歌，一边扭动腰肢和臀部。每个地区都有各自特色的舞蹈，舞姿各具风韵，精彩动人。

毛里塔尼亚服饰别具一格，带有浓重的民族特色和地方特点，一般是男袍女裙。男子穿白色或蓝色的"达拉"（Daraa）大袍，头上缠着一条长长的头巾，脚蹬一双光头无后跟的皮凉鞋。大袍前胸上开两条长缝，里面缝着两个大口袋，可装不少钱物。在较为富裕的地区，服饰上有多层彩色刺绣。摩尔妇女会用彩色纱布把自己罩起来，河谷地区的典型女性装束包括头巾和束腰外衣。近年来，年轻妇女穿花花绿绿的彩裙已相当流行，但较年长的妇女仍习惯穿着传统服饰。

毛里塔尼亚人至今仍然延续着传统的婚姻习俗，其独特的审美标准、彩礼、婚礼仪式和对婚姻的态度，无不反映出沙漠民族特有的粗犷气质。

在摩尔人眼中，衡量一位新娘是否美丽，其标准不是长相和服饰，而是姑娘身体各部位的肌肉是否发达。哪位新娘腰身粗、脖子短、臀部突出、乳房高耸，她便是公认的美人，新郎感到自豪自不必说，家人更觉得有莫大的荣耀，同族人也感到脸上有光。在毛里塔尼亚人看来，肥胖的女人是财富的象征。

传统上，女儿的婚事都是由母亲做主，父亲不能干预。若一位小伙子看中了哪位姑娘，他的母亲便会带着礼物到姑娘的母亲那里提亲，姑娘的母亲如果同意，婚事当场便可定下来。若娶到肥胖超群的妻子，其婚礼必将异常隆重，许多人都会不辞辛劳从远道赶来，一睹新娘的"丰"采。事实上，为了造就"美嫁娘"，做母亲的总是竞相研究肥胖之道。富贵人家的女孩子，从七八岁开始，每日都要由仆人将油脂抹在女孩身上，并让她喝羊奶，吃富含脂肪的食物，而且很少参加户外活动。普通人家的女儿每天也要遵照父母的安排喝下大量的骆驼奶。许多女孩子从小就被母亲送到村里的"女子肥胖学校"，在那里，她们唯一的任务就是"吃喝"。除此之外，女孩子几乎每天都要定时脱去衣服在软沙上翻动打滚，据说这样可以将身体上凹凸不平的地方磨平，成为只见肉不见骨的"胖闺女"。毛里塔尼亚政府已经认识到肥胖不利于国民的健康，因此，倡导妇女开展减肥运动。从 1995 年开始，毛里塔尼亚政府掀起了反对强迫女孩进食的运动，并通过公益广告等方式大力宣传"肥胖有损健康"的理念。然而，2001 年的民调结果显示，近三成 15 岁至 49 岁的妇女仍在进行"强行进食"的训练。这一方面是因为"79% 的妇女不看（或没条件看到）电视、不听广播"，即不受宣传的影响；另一方面也说明"肥胖是美"的观念深入人心，一时难以改变。2003 年，毛里塔尼亚国家妇女事务部还发起了一场"苗条运动"，但收效也不大。

（二）婚礼习俗

毛里塔尼亚人的婚礼较为烦琐，包括彩礼、订婚、送亲、迎亲、婚宴等程序。在订婚仪式上，男方要给女方礼金及与其地位相符的彩礼。而女方为答谢男方的慷慨，通常会将一部分彩礼或礼金返还给男方。婚礼时，新郎、新娘的结婚服装具有浓厚的民族色彩。新郎身着崭新白色或蓝色的肥大长袍，头上缠着一条长达 3 米多的白色头巾。新娘则穿着色泽鲜艳的花裙子，头上缠着同裙子一样颜色的布围巾。婚礼结束后，新婚夫妇在一起共同生活一个星期，便各自返回自己父母身边。两个月后，再共同生活几天，随后再分开。就这样反复循环，前后持续两年时间。两年后，新郎同亲朋好友一道，牵着数头骆驼来到新娘家，将新娘接回去，从此开始互不分开的夫妻生活。毛里塔尼亚人的婚俗之所以如此，有其历史渊源。在过去，毛里塔尼亚人结婚都很早，通常女孩子 10 多岁就出嫁了。新娘还是个孩子，婚后每隔几天就要回娘家，将新婚遇到的各种事情讲述给母亲听，母亲则仔细教导她如何做个好媳妇、伺候好公婆、照顾好丈夫。两年后，新娘长大成人，能够独立处理家事了，便离开母亲，新郎新娘两地分居的生活才告结束。

在毛里塔尼亚的女性看来，女人多次结婚、离婚是件值得骄傲的事情。因为这不仅说明自己具有女性的魅力，也体现了男人们对她的爱慕。毛里塔尼亚的男性并不认为娶离异女性为妻有丝毫的难堪或尴尬，比起未婚或没有婚姻经验的女子，他们对于离异女性更加青睐。

（三）社交习俗

毛里塔尼亚人的社交习俗可以用下述几句话来概括：

西非毛里塔尼亚，号称多帐篷国家；

伊斯兰教为国教，教规恪守心中挂；

国民谦恭讲礼貌，迎宾骆驼奶当茶；

普遍喜爱绿颜色，日子喜双单受怕；

当众接吻最厌弃，东西忌用左手拿。

（四）生活习俗

毛里塔尼亚气候极为干燥，气温又特别高，一般房屋散热性又不好，所以普遍使用散热较快的帐篷。尖顶帐篷处处可见，即使在首都，也有不少人在院内或郊区另搭帐篷，作为乘凉和休息的场所。毛里塔尼亚人还把在帐篷里招待宾客视为高雅之举，即使国家元首主持的国庆宴会，也常常在帐篷里举行。故此，人们风趣地把这个国家叫作"帐篷国家"。他们招待贵宾心意非常赤诚，喜欢用当地最盛情的习俗——拿大葫芦瓢当场挤骆驼奶给客人喝，以表示对客人的尊敬。招待客人进餐后，常常还要再请客人喝上三杯加糖的薄荷茶。此举是希望客人带着甜味告别，以便留下美好的回忆。毛里塔尼亚喜爱绿色，视绿色为吉祥、光明和幸福的象征。

（五）礼仪习俗

毛里塔尼亚人在公众场合与客人相见时，要同客人紧紧握手，热情问候。有时谈话从开始到结束，主人都会紧握客人的双手，并且热情地注视着对方。他们相互见面时，不仅要问对方好不好，还要问对方的牛、羊或骆驼好不好，这主要是因为牲畜与他们的生活息息相关，十分重要。毛里塔尼亚人在遇到熟人时不仅要彼此热情握手，长时间寒暄问候，还要按民族习惯互咬一下对方手臂，以留下痕迹作为纪念。分别时，还要互相下跪虔诚祝愿，最后甚至挥泪道别。毛里塔尼亚最隆重、最高级的迎宾礼仪要属骆驼迎宾礼。当外国贵客来临时，身穿民族服装的主人会走上前去给客人敬献骆驼奶，为客人洗尘，客人必须喝一口，以表示对主人的感谢。夹道欢迎时，身上披红挂绿的骆驼群在前面开路，场面十分壮观。

（六）信仰习俗

绝大多数信仰伊斯兰教的毛里塔尼亚人每日要进行五次祈祷，即中午一次，上午和下午各两次。祈祷前要洗手洗脸。由于当地水少，人们常以黄沙代替，用沙擦手擦脸。然后整理衣服，面向麦加圣城的方向，虔诚祷告。毛里塔尼亚人忌讳当众接吻，认为这是有失文雅的举动，是令人羞耻和厌恶的行为。他们的习惯是妻子不能与丈夫一起吃饭，只有在丈夫吃完饭后，妻子才可吃饭。他们有双日表示"吉祥如意"，单日表示"灾祸不利"的习俗，因此把双日视为良辰吉日，是办喜事的好日子；把单日视为凶多吉少的日子，好事多要避开单日。他们忌讳左手传递东西和食物，认为这种举止是对人的不尊重和有侮辱之嫌的一种行为。他们忌讳将饭菜撒在地上，认为这是对神的冒犯和亵渎。

（七）饮食习俗

毛里塔尼亚的饮食习俗多受阿拉伯和非洲多元文化的影响。厨房是充满想象力的女性的竞技场，她们能制作多种菜肴并对传统菜肴加以改进。毛里塔尼亚人一般以"烤全羊"来款待贵宾。人们非常喜欢喝绿茶，煮的茶浓如咖啡，茶里要加入少量的白糖和鲜薄荷叶，味道香甜醇厚，略带苦涩味。他们用餐时不用餐具而用双手。吃肉时用手撕，吃饭用手抓，只是在一些官方场合才使用西式餐具。毛里塔尼亚人在饮食嗜好上有如下特点。

①讲究菜肴鲜、嫩、香，注重菜肴量大实惠。

②口味一般不喜欢太咸，偏爱辣味。

③习惯以米饭为主食，对面食品种也乐于品尝。

④副食喜爱牛肉、羊肉、鸡、鸭、鱼、虾等；蔬菜爱吃卷心菜、辣椒、西红柿、豆类、黄瓜、洋葱等；调料爱用胡椒粉、辣椒粉、丁香、玉

果、椰子油、棕榈油等。

⑤偏爱烤、烧、煎等烹调方法制作的菜肴。

⑥喜爱中国的清真菜、川菜。

⑦很欣赏手抓羊肉、烤鸭、香酥鸡、鸡脯冬瓜、锅烧牛羊肉、炸香蕉片、咖喱牛肉、炸烹虾、炝青虾、烤全羊等风味的菜肴。

⑧进餐时不喝酒，通常以水和骆驼奶为主要饮料，还很喜欢喝又浓又甜的绿茶。

⑨喜食香蕉、椰子、哈密瓜、西瓜、杧果等水果，干果喜食花生米、腰果等。

三　节　日

节假日：

公历 1 月 1 日，元旦；

3 月 8 日，国际妇女节；

4 月 5 日，穆斯林元旦；

5 月 1 日，国际劳动节；

5 月 25 日，非洲统一组织成立纪念日；

6 月 4 日，全国实行伊斯兰法日；

6 月 9 日，全国残疾人日；

7 月 5 日，全国取消奴隶制日；

7 月 10 日，武装力量日（1978）；

8 月 4 日，全国抗旱日；

8 月 12 日，全国植树日；

11 月 28 日，毛里塔尼亚独立日；

回历 3 月 12 日，穆斯林圣诞节；

回历 10 月 1 日，开斋节；

回历 12 月 10 日，宰羊节（古尔邦节）。

政府、企业工作时间：周一至周五为工作日，周六、周日为公休日。政府周一至周四办公时间为上午 8 点至下午 5 点，周五办公时间为上午 8

点至中午 12 点。

斋月办公时间为：周一至周四上午 9 点至下午 5 点，周五上午 9 点至中午 12 点。军队、警察、医院、诊所以及学校的作息时间不受斋月影响。

第三节　特色资源

一　著名城市

（一）努瓦克肖特

努瓦克肖特是毛里塔尼亚的首都。2016 年，首都的人口为 107.7 万，是其国内最大的城市。努瓦克肖特位于毛里塔尼亚西部广阔的沙漠地带，濒临大西洋，距海岸线 5 公里。四季气候干旱，7～9 月气温较高，11 月至次年 4 月气候凉爽。9 月为最热的月份，气温通常为24℃～34℃；12 月为最冷的月份，气温为 13℃～28℃。

按照词源学解释，努瓦克肖特有"风口""盐沼""出现水井的地方"等多种含义。努瓦克肖特原是个仅有 200 人左右的驿站村落，村民以渔牧为生。1957 年 7 月 24 日被定为首都，1958 年 3 月 5 日是城市兴建的起始日。国家首届政府就在帐篷内办公。经过几十年的建设，城市基础设施有了很大发展，城市面积和人口翻了几番。鉴于城市规模和管理问题，2001 年 6 月，努瓦克肖特由市建制改为特区建制，原努瓦克肖特市的 9 个县成为特区内 9 个相互独立又有联系的市。

努瓦克肖特是全国的政治、文化、商业、金融中心。军事上属第六军区管辖。政府机关、全国主要高等院校（努瓦克肖特大学、国家行政学校、高等师范学院、高等科学院和高级伊斯兰研究学院），以及各大金融和商业机构、30 余个外国使团和国际组织代表处均设在这里。此外还有各类公司企业和 30 多家中小型轻工业和手工艺品厂。主要公共设施有：中国援建的国际会议中心（占地 8000 多平方米）、奥林匹克体育场（有 1 万个座位）、国家博物馆和青年之家，日本援建的鱼市（占地 5000 多平方米），还有电台、电视台、报社、通信卫星地面接收站等。努瓦克肖特国家医疗中心是全国最大的综合医院，有病床450张，医务人员中有法国、摩洛哥等外籍医生。这里还有一家由科威特援建的结核病医院。中国援建的国家卫生中心担负着卫生检疫、食品检验和预防流行病的任务。

努瓦克肖特是全国交通枢纽。公路南达罗索，东通内马，北连阿塔尔。这里也是开罗－达喀尔高速公路重要的一站。首都机场有飞往国内各省会的航班，国际上与巴黎、阿比让、巴马科、达喀尔、阿尔及尔、卡萨布兰卡、拉斯帕尔马斯、班珠尔和比绍通航。2014年11月10日，加那利航空公司（Binter Canarias）在毛里塔尼亚首都召开发布会，宣布其在努瓦克肖特的航空办事处正式开业。该航空公司已有25年的历史，目前，每天有10个国际航班，由西班牙的拉斯帕尔马斯飞往摩洛哥、毛里塔尼亚、塞内加尔、冈比亚、葡萄牙等地。每周二、周四、周六有航班往返于拉斯帕尔马斯和努瓦克肖特之间。

中国援建的友谊港是毛里塔尼亚最大的深水港，设计年吞吐量90万吨，承担毛里塔尼亚全国90%进口货物的装卸。港口北距努瓦迪布185海里，南至达喀尔港250海里。起自该市，沟通毛里塔尼亚内陆及邻国马里的铁路正在兴建。1980年，应毛里塔尼亚邀请，中国派出技术人员和工人兴建友谊港，1986年6月底建成，同年9月正式开港。港口主体由一个长750米，宽13.7米的栈桥组成，还有796米的防波堤和544米的拦沙堤。陆域建有两座总面积为7908平方米的仓库和42682平方米的堆场，以及港务局、海关大楼，各种辅助设备一应俱全。目前实际年吞吐量为50万吨，是原老港口的3倍多。

2000年9月，努瓦克肖特市与中国的兰州市结为友好城市。

（二）努瓦迪布

努瓦迪布位于毛里塔尼亚西北部莱夫里耶湾半岛（Baie du Levrier）。努瓦迪布约宽4千米，长20千米，是毛里塔尼亚第二大城市，也是达赫莱特－努瓦迪布省省会。达赫莱特－努瓦迪布省是全国工业、渔业和矿业基地。由于气候干旱，农牧业不发达。努瓦迪布在20世纪初仅是一个小渔港，居民用水都要靠从法国马赛运来。1906年开始城市建设，1907年命名为艾蒂安港（Port Etienne），1970年启用现名。目前，位于努瓦迪布北部的布拉努瓦尔（Boulenouar）优质淡水层可供应努瓦迪布和努瓦迪布－祖埃拉特铁路沿线地区的用水。

努瓦迪布市掌握着毛里塔尼亚两大经济命脉——渔业和矿业，被誉为毛里塔尼亚的"经济首都"。努瓦迪布距加那利群岛不远，空中航运仅需1小时。优越的地理位置使其成为毛里塔尼亚的对外窗口。努瓦迪布附近海域渔业资源非常丰富，是大西洋著名的渔场。该市有渔港、商业港和铁矿砂出口专用港，是毛里塔尼亚最大的出口基地。毛里塔尼亚鱼产品销售公司、毛里塔尼亚同其他国家合办的几十家渔业公司、毛里塔尼亚最大的企业毛里塔尼亚国营工矿公司总部均设在努瓦迪布。阿尔及利亚援建的努瓦迪布炼油厂年生产能力100万吨。国有工矿公司控股的毛里塔尼亚阿拉伯钢铁公司生产钢筋供应国内市场，1997年又增设了铸造厂、拉丝厂和机械制造厂。

努瓦迪布近年来实施了大规模的城市基础设施建设，扩建医疗和教学设施，兴建了人力捕鱼港及鱼产品加工厂，水电供应、城市交通问题已初步得到解决，旅馆、海员俱乐部、影院等公共设施已初具规模。2014年9月27~30日，世界银行考察组到访努瓦迪布自贸区，双方达成了中长期合作协议：世行的国际开发协会和国际复兴开发银行将分别向自贸区提供2000万美元和3000万美元的资金，用于提高自贸区产品的国际竞争能力，改善经营环境。具体合作内容是：提高表层鱼的深加工水平，增加产品附加值；进行深水港、鱼品加工、国际机场等自贸区最优先项目的可行性研究；开展人力资源培训。世行此举表明了外界对毛里塔尼亚自贸区建设的关注。2014年11月，自贸区将开展公私合作方式的推介，鼓励私人资本进入基础设施领域，以此吸引其他国家或机构的投融资。

努瓦迪布的教育事业也较为发达，有16所小学、1所初中、1所高中、1所中技校。另外设有国家海洋和渔业研究中心，国家海洋和捕鱼培训学校。

努瓦迪布面对大海，背靠沙漠，陆路交通非常不便，对空运的依赖程度高，因而开通了连接努瓦克肖特的国内航班和通往拉斯帕尔马斯、卡萨布兰卡的国际航班。多年来，国家积极努力解决努瓦迪布交通闭塞的问题，作为环非公路一部分的努瓦克肖特—努瓦迪布公路已于 2004 年完工。

西班牙、摩洛哥和阿尔及利亚在努瓦迪布设有领事馆。

（三）罗索

罗索是毛里塔尼亚西南部城市，特拉扎省的首府，地处塞内加尔河河畔，是通往塞内加尔的边防站口。特拉扎省有三个县地处塞内加尔河河谷，是毛里塔尼亚的主要粮食产区，罗索是其中之一。勒基兹湖的开发整治和迪亚马大坝的建成使该地成为重要农业区，主产稻谷、阿拉伯树胶、粟类，这里的畜牧业也较发达，且多羊、牛，有屠宰和农畜产品加工工业。这里土地和气候条件优越，适宜农作物生长。传统的农作物有高粱、玉米和粟子，20 世纪 70 年代开始种植水稻和蔬菜。

中国自 1968 年开始在罗索郊区建设姆颇利农场，首次引进水稻种植，开垦整治土地 802 公顷，其中水稻实验农场 638 公顷，并修建了防洪堤和排水灌溉工程。姆颇利农场对发展毛里塔尼亚的粮食生产，并在塞内加尔河流域大面积推广种植水稻，做出了重大贡献。

罗索市自 1987 年以来实施了多项发展计划，新建了市政办公楼、旅游饭店、市内公路，解决了罗索地区供水问题，扩建了罗索体育场、教学设施和商业网点。

罗索渡口每日有四次摆渡，承担着两岸居民来往和货物运输的任务。公路北通努瓦克肖特，南通塞内加尔首都达喀尔。

罗索市分别与法国、阿尔及利亚、摩洛哥和德国的有关城市结为友好城市。

（四）基法

基法位于毛里塔尼亚南部，距离首都努瓦克肖特约 600 千米。以首都为起点、贯穿毛里塔尼亚东西走向的大动脉"希望公路"，就以基法为中间站。基法为阿萨巴省的省会，2013 年人口约 11 万。基法曾经是毛里塔尼亚的第二大城市，如今为第三大城市。基法的主要经济收入来自商业和农牧业，当地建有大型牲畜市场。中国在该市派驻了来自黑龙江省的医疗队。中国援建的基法卫生中心已于2016年6月22日移交给毛里塔尼亚政府，并正式投入使用。①

二　名胜古迹

毛里塔尼亚近2/3的地区是沙漠，西北部地区属热带沙漠性气候，素有"沙漠之国"之称，有阳光、海滩、古城等独特的旅游资源。阿尔金海滩国家公园、欣盖提古城、瓦丹古城、瓦拉塔古城、提希特古城是该国拥有的5处著名世界遗产。运输毛里塔尼亚北部非德里克铁矿石至努瓦迪布港口的火车被称为全世界最长的火车列车，也是旅游景点之一。主要的名胜古迹如下。

（一）阿尔金海滩国家公园（Bank d'Arguin）

位于努瓦克肖特以北200千米，面积12000平方千米，包括水陆两部分。海岸线长180千米，有丰富的海洋生物、两栖动物，也是世界上为数不多的鸟类公园，每年冬季约有300万只候鸟从欧洲及其他地方飞来此地栖息。公园除海湾外，还有许多岛屿，风景优美，气候宜人。1976年，这里被划为自然保护区。1982年，被联合国教科文组织定为世界遗产。1989年被列入世界自然遗产名录。

（二）"圣城"——欣盖提（Chinguetti）

欣盖提位于努瓦克肖特东北约600千米处。该城建立在一处四周沙漠环绕，而中心却一片生机盎然的绿洲上，瓜果繁多，椰枣飘香，是毛里塔尼亚最大和最吸引人的旅游胜地。欣盖提历史悠久，公元10世纪时柏柏尔人就开始在这里定居，12世纪时开始大规模兴建，被称为伊斯兰教第七大圣城。欣盖提的清真寺在毛里塔尼亚最为著名，尖塔由石块砌成，镶有珍贵的鸵鸟蛋。城边"沙河"也是一景，被誉为毛里塔尼亚的"圣

---

① 摘自中华人民共和国商务部《对外投资合作国别（地区）指南——毛里塔尼亚（2016年）》，第4～5页，略有改动。

河"。这里曾经是商旅驼队的重要驿站，驼队不仅带来琳琅满目的商品，还带来了丰富的文化知识。欣盖提建有图书馆，收藏有《古兰经》等各种宗教书籍，并逐渐成为宗教和文化中心。19世纪后，由于盐产量下降，以及干旱、瘟疫和部族战争等，欣盖提逐渐衰落。但自1996年被确定为世界文化遗产之后，古城又逐渐繁荣起来。欧盟始终支持欣盖提古城项目建设及城市发展计划。该项目主要内容是保护并发展历史遗留的古城独特风貌。具体建设内容有五个方面：一是改善供水状况，扩大供水服务范围（包括椰枣园的农业供水）；二是移沙及治沙工程；三是加固行政办公区周边道路；四是为方便旅游，维修和扩建有关重要道路和旅游区面积并新建城门；五是加强和提高城市现代化的行政管理能力。该项目实施时间为5年，总费用约10.1亿乌吉亚（约合380万美元）。

（三）"死城"——瓦丹（Ouadane）

瓦丹位于"圣城"北120千米处的山区，曾是马格里布国家和撒哈拉以南非洲贸易必经之地，是毛里塔尼亚最早引进椰枣种植的地区。瓦丹城始建于11世纪至12世纪，整个城市房屋全部用在当地山区采集的各色天然石头建成，在石头建材之间用泥土黏合，至今不少建筑仍保存完好。特别是瓦丹清真寺，经过700多年的风雨洗礼，至今仍完好如初。14～18世纪，瓦丹曾是毛里塔尼亚最繁荣地区之一。瓦丹古城内街道狭窄，房屋盘山而建，鳞次栉比，远看好像古埃及的金字塔。瓦丹古城当时作为穿越撒哈拉大沙漠的商队驿站，同时也是伊斯兰宗教、文化传播中心，有居民上万人。但是随着自然环境的日益恶化，沙进人退，水源奇缺，如今已成为人迹罕见的"死城"。瓦丹已被联合国教科文组织列为世界历史名城，人类文化遗产而受到保护。2012年，在瓦丹文化艺术节期间举办了一系列文艺演出和讲座，游客还可参观保存有完好原版手写《古兰经》的图书馆。

（四）"文化城"——瓦拉塔（Oualata）

瓦拉塔也是历史名城，位于毛里塔尼亚东南部靠近马里边境。始建于公元12世纪，曾是活跃的贸易中心和伊斯兰宗教中心，藏有珍贵的古书。城里的壁画及装饰艺术闻名遐迩。1996年被列入世界文化遗产。

（五）"雄伟城"——提希特（Tichitt）

提希特古城位于毛里塔尼亚中部，建成于 12 世纪，是中世纪非洲一个十分漂亮的城市。这座古城曾是撒哈拉的商业都市，有很多竖井，农业很繁荣。提希特的富裕持续到 18 ~ 19 世纪，后来由于干旱、瘟疫和部族战争而衰败。古城被保存完好的城墙包围，城里有众多的古建筑。从提希特到提吉克贾的路上，有许多溪谷，悬崖和岩洞壁画，十分雄伟壮观。提希特还以古老的图书馆和 7 世纪的清真寺而闻名。

三 建筑艺术

毛里塔尼亚建筑兼具传统与现代和非洲文明与阿拉伯文明的多重属性。具有伊斯兰建筑艺术风格的有清真寺、陵墓、宫殿、要塞、学校和各类文化设施。毛里塔尼亚四座古城（瓦拉塔、提希特、瓦丹和欣盖提）内的建筑被视为毛里塔尼亚建筑艺术的典范。1996 年，这四座古城被联合国教科文组织列为世界文化遗产。瓦拉塔古城内建有多座清真寺及伊斯兰教学校，这些建筑具有阿拉伯 - 伊斯兰建筑艺术的特色。欣盖提古城的清真寺至今仍是毛里塔尼亚最著名的建筑。此外，这些古城还完好地保存了 12 ~ 16 世纪普通居民所建的住宅。沿着狭窄的街道建有带着天井的房子，并环绕着一个有正方形尖塔的清真寺，充分展示了西撒哈拉游牧民族的传统生活方式。

不同的民族有不同的建筑风格。索宁克族的民居是在一个大院落内，有一个大房间被分割成许多小间，因为一个索宁克男人往往会有三四个妻子和很多孩子，所以一户人家需要很多房间。颇耳族则是一个逐水草而居的民族，他们的住宅是用茅草筑成的"围屋"，"围屋"内不仅住人，还可以饲养牛羊。①

像首都努瓦克肖特一类的大城市，随着经济发展和城市基础设施的建设，其建筑风格已越来越现代化。

---

① 胡晓晶：《世博会迎毛里塔尼亚馆日 四大古城讲述文明故事》，腾讯世博，http：//2010. qq. com/a/20100719/000184. htm。

第二章

历 史

　　早在 60 万年前，人类就出现在毛里塔尼亚。公元前 4000～公元前 3000 年，从事农耕的黑人民族富拉尼人已生活在这里。随着毛里塔尼亚北部气候逐渐干旱，从 3 世纪起，富拉尼人南迁到塞内加尔河流域，北非的柏柏尔人牧民开始迁入。从 8 世纪起，柏柏尔人建立的桑哈贾联盟、穆拉比特王朝先后统治毛里塔尼亚。西非黑人建立的加纳王国、马里帝国和桑海帝国在 8～15 世纪也曾统治过毛里塔尼亚的部分地区。7 世纪开始进入北非的阿拉伯人逐渐向南推进到毛里塔尼亚，他们带来的伊斯兰教、阿拉伯文字、语言以及文化习俗等逐渐深入柏柏尔人群，加上血缘相交，最终形成了阿拉伯柏柏尔民族——摩尔人。15 世纪上半叶，葡萄牙人开始入侵毛里塔尼亚，接着，西班牙、荷兰、法国相继入侵。法国通过1900～1936 年的全面侵略，最终将毛里塔尼亚变成自己的殖民地。第二次世界大战后，在非洲民族解放运动高涨的形势下，毛里塔尼亚于 1960 年宣告独立。独立后经历过达达赫执政等六个时期，到 2009 年阿齐兹上台后，毛里塔尼亚政治趋于稳定，经济开始发展，民主制度日趋完善，在阿拉伯世界、非洲及全世界的影响力也逐渐扩大。

第一节　古代简史

一　早期历史

　　大约在 60 万年前，就有人类居住在现今毛里塔尼亚地区。3.9 万年前，毛里塔尼亚处于早期石器时代，当时属于阿舍利文化。[①] 1.5万年前，毛里塔尼亚处于中期石器时代。公元前4000～公元前3000年，毛里塔尼亚已有大量人类活动，居民是黑人民族，被称为富拉尼人。当时毛里塔尼亚气候湿润，雨量充沛，富拉尼人主要从事农业，也从事渔业和狩猎。大约公元前1500年，毛里塔尼亚南部提希特的居民已经从事禾本科谷类植物的生产，使用碾磨器具和磨光石斧等劳动工具。现在已发现有这一时期的石雕、陶器和岩石壁画。当时的岩石壁画证明，毛里塔尼亚曾是古代骆驼商队从南摩洛哥通向尼日尔河的主要通道。商队从北方把食盐和手工业产品运往黑人之乡，在那里换回黄金等。公元前1000年，毛里塔尼亚人开始发现铜矿并进行开采，还用铜制造工具、武器和首饰。公元前2世纪，毛里塔尼亚沦为罗马帝国领地的一部分。

随着毛里塔尼亚北部气候逐渐干旱，农业生产条件恶化，大约从公元3世纪起，当地居民富拉尼人开始南迁至塞内加尔河流域附近，继续从事农业。北非的柏柏尔人牧民较能适应干旱气候，同时为了寻求新的牧场和逃避政治动乱，逐渐迁入毛里塔尼亚北部地区，并征服了那些未曾南迁的富拉尼人，使之成为自己的附属。公元7世纪和8世纪，阿拉伯人征服北非马格里布，大批柏柏尔人南迁到毛里塔尼亚。这些柏柏尔人带来了被称为"沙漠之舟"的单峰骆驼。毛里塔尼亚由此出现黑白民族共存的局面。在公元7世纪阿拉伯人第一次入侵毛里塔尼亚时，曾遭到柏柏尔人的顽强抵抗，但此后毛里塔尼亚开始伊斯兰化，柏柏尔人逐渐接受了伊斯兰教和阿拉伯语言文字，整个社会及人民生活也都逐步伊斯兰化。

二　桑哈贾联盟

公元8世纪，莱姆图族、迈斯苏法族和杰达拉族等新的、强大的柏柏尔人族群同时入侵毛里塔尼亚，并在毛里塔尼亚广泛传播伊斯兰教。公元

---

① 阿舍利文化（Acheulian）是非洲、西欧、西亚和印度旧石器时代的早期文化。因最早发现于法国亚眠市郊的圣阿舍利而得名。已知最早的阿舍利文化遗存在非洲，年代距今约150万年。资料来源于百度百科"阿舍利文化"，http://baike.baidu.com/item/阿舍利文化/1951204? fr = aladdin。

9 世纪莱姆图族和其他两个民族建立了松散的桑哈贾联盟并在其中发挥了主要作用，莱姆图族逐步在西北非占据了统治地位，并控制了撒哈拉西部的对外贸易。

即使在 8 世纪到 9 世纪末叶的极盛时期，桑哈贾联盟也不是一个强有力的中央集权国家，它由两个不同的集团组成：一个是游牧的柏柏尔人，他们性格强悍，独立性很强；另一个是居住在城市里的柏柏尔商人，他们经营着对外贸易，控制着商道，向北直达马格里布的商业城市西吉尔马萨（Sijilmasa），与地中海的商人进行贸易；向南直达加纳王国的首都昆比萨利赫（Koubi Saleh），与撒哈拉沙漠以南地区的商人进行贸易。

公元 9 世纪，桑哈贾联盟内的柏柏尔人爆发冲突，造成联盟内部的敌对、残杀，并最终导致联盟分裂。桑哈贾联盟由此分为两支：一支北上，到达今摩洛哥南部塔菲拉勒特地区，定都西吉尔马萨；另一支南下，占领了今毛里塔尼亚塔甘特省的奥达哥斯特。公元 990 年，加纳帝国乘桑哈贾联盟内部分裂、力量削弱之际，占据了奥达哥斯特，迫使莱姆图人称臣纳贡，并控制了毛里塔尼亚的东部和南部。

古代加纳王国于公元 4 世纪由柏柏尔人建立，但长期被索宁克族中的西塞部落统治，真实国名为瓦加杜，首都为昆比萨利赫，位于今毛里塔尼亚的塔甘特地区。加纳王国的主要经济活动是商业贸易。加纳王国统治时期，毛里塔尼亚是西非地区的一个贸易中心，出现了欣盖提、瓦拉塔、提希特和瓦丹等繁荣的商业城市。骆驼商队往返南北，从南经毛里塔尼亚向北非贩运乌木、象牙和黄金，从北经毛里塔尼亚向南贩运铜、羊毛、香料、玻璃制品和龙涎香。沿商道的所有重要城镇都发展起来了。11 世纪的阿拉伯编年史作家巴克里（Bakli），描述了拥有五六千人口的奥达哥斯特城的景象，城内有一个大清真寺和几个小的清真寺，四周是大片的灌溉耕地。瓦拉塔是黄金和食盐贸易的重要转运点，也是朝圣者去麦加途中的主要集合地。昆比萨利赫在当时是国际大都市，由两部分组成：有阿拉伯风格建筑物的穆斯林区和有传统茅草和泥土建筑物的黑人区，后者还是非穆斯林的加纳国王的住地。瓦丹是一个重要的盐市，和欣盖提一起成为后来重要的伊斯兰教中心。虽然昆比萨利赫并没有存在到加纳王国衰落之

时，但奥达哥斯特，特别是瓦拉塔等重要城市，一直存在到 16 世纪，直到贸易开始转移到欧洲人控制的沿海地区为止。伊斯兰教通过柏柏尔商人，得到最广泛的传播。由于商道的北方终点是在穆斯林聚集的马格里布，因此商业对伊斯兰教的传播起到了很重要的作用。被商人带进整个撒哈拉西部和南部的伊斯兰教，不仅成为普通民众的宗教，也成为统治阶级和学者的宗教。

三 穆拉比特王朝（Al-Murabitun）

11 世纪之前，虽然伊斯兰教在撒哈拉沙漠西部开始传播，但并不稳固。到了 11 世纪，穆拉比特人对整个撒哈拉沙漠西部的征服，使毛里塔尼亚所有民族彻底伊斯兰化。

桑哈贾联盟的崩溃，给毛里塔尼亚的桑哈贾柏柏尔民族带来了一个连年战争的动荡时期。约在公元 1035 年，杰达拉族酋长亚希雅·伊本·易卜拉欣（Yahya Ibn Ibrahim）从麦加朝圣回来，带回一位狂热的马立克派神学家阿卜达拉赫·伊本·亚辛（Abdallah Ibn Yaxin），为他的臣民传授伊斯兰教教义。伊本·亚辛在努瓦克肖特以北的提德拉岛建立起一个社团。参加这个社团的人被称为穆拉比特。穆拉比特人发动圣战来讨伐桑哈贾联盟中不信教者和持异端邪说者。他们同时向南北两个方向展开圣战。往北，在摩洛哥建立了穆拉比特王朝，于公元 1070 年在马拉喀什（今摩洛哥的南部城市）建都。往南，穆拉比特武士于 1054 年重新夺回奥达哥斯特。

穆拉比特帝国两个分支的领袖阿布·巴克尔（Abu Bakr）和伊本·塔士芬（Ibn Tashfin）分别在公元 1087 年和 1106 年去世，之后穆拉比特帝国因为内部桑哈贾人的敌对和外部新穆斯林改革派的攻击而分裂。

在一个短时期内，穆拉比特帝国控制了从西班牙至塞内加尔的广大领土。这段摩洛哥和毛里塔尼亚短期统一在一个帝国内的历史成为日后摩洛哥对毛里塔尼亚提出大片领土要求的原因之一。而桑哈贾与穆拉比特人开创的伊斯兰化过程，在撒哈拉沙漠西部地区未来几个世纪的历史上产生了不可磨灭的影响。

四 苏丹帝国

虽然穆拉比特人在毛里塔尼亚历史上影响较深，然而加纳、马里和桑海[1]等黑人苏丹王国在毛里塔尼亚公元 8 ~ 15 世纪发展进程中的作用也不可忽视。第一个西非苏丹王国加纳，在 9 世纪和 10 世纪进入鼎盛时期，塔甘特和吉迪马卡地区的众多小王国都是其附庸。这个强大的中央集权国家，统治范围涵盖了全部桑哈贾柏柏尔人居住的地方，是穿越撒哈拉沙漠进行黄金、象牙和食盐贸易的主人。

曼迪人在传奇人物松迪亚塔（Sundiata）的领导下，建立了第二个苏丹王国——马里。到 13 世纪末，马里帝国已经扩展到毛里塔尼亚以前被加纳控制过的那部分土地，以及其他萨赫勒地区和塞内加尔河谷地。松迪亚塔和他的继承者取代加纳成为撒哈拉地区以及苏丹和萨赫勒广大地区的统治者。

马里帝国内部由于继承问题发生内讧，使以前的属国，即在加奥的桑海国，夺取了马里统治者的权力，并创建了一个新帝国。到 15 世纪末，桑海帝国扩大到今毛里塔尼亚的胡德、吉迪马卡和戈尔戈勒等塞内加尔河流域。到 16 世纪末，摩洛哥人的一支强大部队打败了桑海帝国，结束了中央集权的黑人王国对苏丹西部和毛里塔尼亚大部分地区长达七个世纪的统治。

五 阿拉伯人的入侵

在 8 世纪阿拉伯人征服马格里布西部的同时，毛里塔尼亚也经受了来自北方的阿拉伯人的入侵。这种入侵导致柏柏尔人对毛里塔尼亚的黑人居民进行挤压，到 16 世纪，绝大多数黑人被赶到塞内加尔河流域地区。

穆拉比特帝国衰落后，毛里塔尼亚开始了一个漫长的曾被柏柏尔人抵制过的阿拉伯化进程。那些一直蚕食非洲北部的也门阿拉伯人集团哈桑

---

[1] 桑海帝国（Empire of Songhai），西非古国之一，存在于 15 ~ 16 世纪，是萨赫勒地区最后一个黑人统治的大帝国。

人，向南迁至毛里塔尼亚。他们居住在毛里塔尼亚北部，摧毁了贸易通道，迫使商道东移，并促使毛里塔尼亚商业城镇走向没落。柏柏尔人挣脱阿拉伯人束缚的最后一次努力，是毛里塔尼亚的 30 年战争（1644 ~ 1674 年），它由莱姆图族的首领纳赛尔·丁领导。然而，这次解放战争以失败告终。哈桑人在柏柏尔人中传播伊斯兰教和阿拉伯文化，并把自己的民族语言哈桑语强加给柏柏尔人，使柏柏尔人逐渐阿拉伯化。17 世纪末，哈桑人建立了卜拉克纳和特拉扎武士酋长国。18 世纪初，又建立了阿德拉尔、塔甘特和胡德等武士酋长国。此后，阿拉伯哈桑人和柏柏尔人在语言、宗教、文化等方面逐渐融合，血缘相交，最终形成了一个阿拉伯—柏柏尔混合的民族——摩尔人。

第二节　近代简史

一　早期与欧洲人的接触

毛里塔尼亚与欧洲之间，除了穆拉比特帝国曾经统治过西班牙以外，早期接触很少。毛里塔尼亚平直的海岸成为双方接触的障碍。15 世纪起，喜爱冒险的葡萄牙人被非洲内陆各大王国拥有大量财富的传说所诱惑，开始在非洲探险。1443 年，葡萄牙人占领了毛里塔尼亚的阿尔甘岛，并在此建立了军事据点，作为向毛里塔尼亚内地入侵的跳板，随后在毛里塔尼亚内地建立了贸易商行。为了阻止撒哈拉贸易商队把黄金运向北方，葡萄牙国王甚至向毛里塔尼亚内地的瓦丹派驻了一名商业总管，专门负责阻遏黄金北运的工作。由于经营黄金效果甚微，葡萄牙人很快便改为经营奴隶买卖。每年有多达 1000 名黑人被从阿尔甘运到欧洲，或被运往几内亚湾圣多美岛上葡萄牙人的甘蔗种植园。

1578 年和 1580 年，葡萄牙先后有两位国王死后无嗣，葡萄牙王室的远亲西班牙国王菲利普二世动用武力争夺葡萄牙王位，迫使葡萄牙议会承认由他兼任葡萄牙国王。1581 年，西班牙同葡萄牙合并，阿尔甘岛被西班牙占领。

　　1638 年，被称为"海上马车夫"的荷兰人赶走了西班牙人，开始在毛里塔尼亚贩卖奴隶和阿拉伯树胶。这种产于特拉扎和卜拉克纳的阿拉伯树胶，用于花布印染，比之前来自阿拉伯半岛的树胶要好，成为当时欧洲各工业国纺织工业的珍贵原料，需求量很大。

　　1678 年，法国人把荷兰人驱逐出毛里塔尼亚，并在塞内加尔的圣路易建立了永久性定居点，取得了对毛里塔尼亚的控制权。1785 年，法国同特拉扎酋长国的埃米尔签订了一项条约，规定埃米尔保证给予法国人经商和贩卖阿拉伯树胶的权利，并划出一块土地，供法国开设商行。1815 年的维也纳会议上，列强承认了法国对西非的控制权。

　　欧洲列强为了获取利益，也对毛里塔尼亚的地方统治者施以小恩小惠。19 世纪以前，除了法国在圣路易建立了一个永久性的定居点之外，欧洲列强都还没有深入毛里塔尼亚的腹地进行掠夺，因为他们当时只对奴隶贸易和阿拉伯树胶感兴趣。欧洲人早期在西非海岸采用商业公司的形式，牟取高额垄断利润。1659 ～ 1798 年，四家法国公司享有在塞内加尔河上进行贸易的官方垄断权。当时欧洲人同当地摩尔人和黑人居民的接触，都是通过贸易进行的。

　　1825 年，特拉扎酋长国新埃米尔穆罕默德·哈比卜（Muhammad Habib）继位，为了维护对塞内加尔河以南瓦洛王国（Oualo）的宗主权而与瓦洛进行联姻。瓦洛王国一直受法国的保护，哈比卜的这一行为引起了法国的不满，哈比卜准备把阿拉伯树胶出售给英国人，也招致了法国的仇视。1850 年，法国派武装部队进入塞内加尔河地区。虽然摩尔人一度几乎攻克圣路易这一法国人永久性的定居点，但强大的法国军队最终打败了特拉扎酋长国的军队。至此，法国人意识到，要确保阿拉伯树胶贸易的利益，就必须强行占领塞内加尔河的右岸。1854 ～ 1861 年和 1863 ～ 1865 年，担任法国驻塞内加尔总督的路易·费德尔布（Faidherbe）采用军事占领和高压统治的政策对付摩尔人。费德尔布征服了瓦洛王国，并进攻曾联合起来反对法国的特拉扎和卜拉克纳酋长国。尽管 1855 年摩尔人对圣路易的一次反攻几乎成功，但他们最终被击退。一年以后，他们在塞内加尔河以北又被打败。结束这场战争的条约，把法国的保护范围扩大到特拉扎和卜

拉克纳全境，迫使其承认法国对塞内加尔河两岸的宗主权。

费德尔布除军事冒险以外，还支持过所谓的"地理勘察探险计划"。1859～1860年，法国有五支勘察队走遍毛里塔尼亚的西部和南部所有地区，其中一支勘察队还绘制了阿德拉尔的地图。费德尔布的后继者们，满足于他的"业绩"，由进攻转为防守。由于法国的殖民政策同以前相比有所放松，加上圣路易的商业公司为获取暴利，把武器出售给摩尔人，于是毛里塔尼亚人民的反抗斗争再次兴起。进入毛里塔尼亚内地的所谓科学考察队越来越多地遭到袭击，考察队的欧洲人领队不是被杀害，就是被俘虏。

由于毛里塔尼亚人民的反抗，到19世纪末，虽然法国来到毛里塔尼亚已有两个世纪，但仍不能深入毛里塔尼亚的内陆地区，而只能控制塞内加尔河流域地区。法国为了将黑非洲的殖民地同北非阿尔及利亚殖民地连成一片，以便进一步向摩洛哥扩张，遂大举入侵毛里塔尼亚。

二　法国的全面侵略（1900～1936年）

在法国殖民主义者的眼里，如果说费德尔布是"塞内加尔殖民之父"的话，那么，泽维尔·科普拉尼（Xavier Coppolani）则可算得上是"毛里塔尼亚殖民之父"。科普拉尼（1866～1905年）出生于科西嘉岛上的小村庄马里尼亚纳。后来，他随父亲移民到了阿尔及利亚，学会了当地的各种方言，能讲一口流利的阿拉伯语，且熟悉《古兰经》和伊斯兰教。科普拉尼曾在阿尔及利亚总督府担任"三等行政官"，直到1897年辞职。

1898年5月，科普拉尼组织了一个"科学考察团"深入毛里塔尼亚内地。在经过一番实地考察后，科普拉尼于1899年向法国殖民部部长提出成立一个"西毛里塔尼亚"的计划，拟把毛里塔尼亚从塞内加尔分离出来。理由是这样做既可以控制沙漠商队，又可以把摩尔人的所有部落组织起来加以利用。这个提议遭到了塞内加尔行政方面和圣路易商业公司的反对，前者认为塞内加尔河以北的沙漠没有价值，后者则认为毛里塔尼亚统一之后摩尔人内斗减少，会失去向摩尔人出售武器所获得的诱人利润。但法国殖民当局没有听取这两种反对意见，批准了科普拉尼的计划，并在

1899 年 12 月 27 日在塞内加尔河右岸，即从凯斯与廷巴克图起到西部的朱比角（即与摩洛哥交界处）再到阿尔及利亚北部的这一地区成立了"西毛里塔尼亚"。科普拉尼被任命为首任西毛里塔尼亚政府专员。他一上任便开始了殖民入侵活动。

科普拉尼制订了一个分化、削弱与野蛮征服相结合的侵略计划，一方面推行"分而治之"，利用摩尔人内部的矛盾让他们自相残杀，对他们进行分化、瓦解；另一方面对于用分化手段不能奏效的摩尔人，则采用武力征服的办法。

当时，毛里塔尼亚有三个大的摩尔人势力集团：一是以西迪亚·巴巴为首的集团，控制了特拉扎、卜拉克纳、塔甘特的一部分地区；二是以萨德·布为首的集团，控制了塞内加尔河谷塔甘特的另一部分地区；三是以马·埃宁为首的集团，控制了阿德拉尔和北部的大部分地区，以及西撒哈拉和摩洛哥的南部。对于西迪亚·巴巴和萨德·布，科普拉尼采用的是欺骗和离间的阴险手段，诱使他们屈服。1903 年，法国在毛里塔尼亚建立了摩尔人国家保护领地，并在特拉扎建立行政机构和实施征税。1904 年，法国又占领了卜拉克纳和塔甘特。于是法国宣布"西毛里塔尼亚"改称为"毛里塔尼亚"，并成为其法属西非（AOF）管辖的一部分。

和前任殖民头子费德尔布一样，科普拉尼认为征服整个毛里塔尼亚的关键在于占领阿德拉尔。而在阿德拉尔，马·埃宁率领摩尔人誓死抵抗法国殖民者的入侵。为了能够从摩洛哥获得道义和物质上的援助，马·埃宁暂时承认了摩洛哥对毛里塔尼亚拥有宗主权，这成为 20 世纪 70 年代以后摩洛哥对毛里塔尼亚提出领土要求的又一历史原因。在法国侵略者向阿德拉尔进军途中，1905 年 5 月 12 日，科普拉尼在提吉克贾被打死。由于科普拉尼的死亡，战场形势发生了逆转，法国政府对继续耗费巨大代价征服摩尔人的顽强抵抗产生了动摇。马·埃宁带领人民以圣战为口号，给法国殖民者以沉重的打击，号召人民把法国侵略者赶回塞内加尔。随后，法国政府派曾在苏丹打败萨摩利的古罗（Gouraud）担任毛里塔尼亚领地新的政府专员。古罗继续进行殖民侵略，凭借人员和武器优势，于 1907 年占领了阿塔尔，1908 年占领了阿德拉尔，1911 年占领了提希特，1912 年占领了瓦拉塔，1913 年推进到现今西撒哈拉的斯马拉。法国人通过这些征战，掠夺了摩尔人的大量畜群和财产，给当地的摩尔人带来了无尽的灾难。但是英勇的摩尔人并没有因此而屈服，直到 1934 年，他们一直在顽强抵抗，谱写出许多可歌可泣的感人事迹。

1920 年，法国宣布毛里塔尼亚为法属西非总督管辖之下的殖民地。1936 年，法国占领了毛里塔尼亚全境。

三 法国的殖民统治

当时，法国在西非有多个殖民地：塞内加尔、苏丹（今马里）、几内亚、象牙海岸（今科特迪瓦）、尼日尔、达荷美（今贝宁）、毛里塔尼亚和摩洛哥等。法国的殖民政策有两个重要的特征：一是同化政策，非洲人是法国的臣民而非公民，不享有政治权利；二是中央集权和直接的行政管理。法国在塞内加尔的达喀尔设立法属西非总督府，总督由法国总统直接任命。在总督之下组织了一个金字塔形的管理机构。总督是行政机构的首脑，每个领地的副总督、州长，以及地区、县、村的首领们是行政机构的官员。

这个统治体系中的关键人物是每个州的州长，他们在征收赋税、监督工程、维持和平与安全以及执行行政命令等方面拥有广泛的权力，并同非洲人保持着密切的接触。通常州长以下的职位才可以由非洲人担任。对于州长以下的这些职位，法国一般都安排由酋长或他们的儿子担任。法国人经常提醒他们，他们已经不是传统的首领，而是作为殖民地的行政官员在行使权力。

1946 年以前，法属西非没有立法机关。由军人、民政官吏、工商业家等组成的委员会协助总督工作，但委员会仅有咨询权，其成员全部由总督任命。毛里塔尼亚作为法属西非的一个领地，它的行政结构同法属西非其他领地一样。但也有一些区别，其中最突出的一点就是摩尔人酋长在毛里塔尼亚的管理方面起到了非常重要的作用。从科普拉尼时代起，法国在毛里塔尼亚的行政管理就极大地依赖当地酋长的支持。为了维护当地的秩序，启用了当地的部分武士，主要是特拉扎、卜拉克纳和阿德拉尔的摩尔人武士。在殖民地的法国行政官员为巩固其统治和推行其政策，不得不依靠伊斯兰教和传统的武士集团，但在经济上则很少开发这个国家。这也是法国殖民当局对毛里塔尼亚有相当严密的控制，却无法触动毛里塔尼亚的传统社会结构，只能让它原封不动地保存下来的原因。

第三节　现当代简史

一　通向独立之路

1939 年，第二次世界大战全面爆发。1940 年，德国突破"坚不可摧"的"马其诺防线"占领了法国。法国沦陷后，维希政府控制了法属西非，而戴高乐将军领导的"自由法国"则控制了赤道非洲。维希政府撤销了管辖殖民地的行政委员会，滥用"就地惩戒法"（允许对非洲人执行就地惩罚行动的殖民法律）和强迫劳动，给殖民地人民带来了更加深重的灾难。戴高乐的"自由法国"则依靠非洲殖民地的人力、物力和财力进行了抗击法西斯的斗争。与此同时，戴高乐认识到，不设法安抚殖民地人民的不满情绪，不处理好与殖民地的关系，就有可能使"自由法国"运动遭受挫折，还会影响战后法国的重建以及它在国际上的形象和地位。因此，1944 年在刚果的布拉柴维尔召开了法属非洲殖民地会议。戴高乐亲自参加会议并为会议拟订了主旨方针。会议讨论了战后殖民地的行政改革计划，建议废除"就地惩戒法"和强迫劳动，建立工会，发展教育事业，给每个领地以一定的行政权力。

1946 年，法兰西第四共和国通过宪法，规定把法属西非的殖民地改为法国的海外领地，与法兰西联邦结成一体。法兰西议会保留对刑法、公民自由、政治与行政组织方面的管辖权，殖民部依法发布行政命令；规定海外领地、法属西非联邦、法兰西国民议会为三个依次隶属的机构。海外领地建立总理事会（1952 年更名为领地议会），有对预算的控制权，但在其他问题上则仅有咨询权。毛里塔尼亚的总议会由 24 名成员组成，其中，8 名由欧洲人组成的"第一选举团"选出，16 名由非洲人组成的"第二选举团"选出。每一领地有 5 名代表参加设在达喀尔的法属西非联邦最高议会,该议会对预算编制、政治与行政计划和法属西非其他事务拥有权力。每一领地也可派出少量代表参加在巴黎的法兰西国民议会。

1946 年宪法给予海外领地有选举权的人很少,只限于贵族、地方议会议员、工会成员、政府官员、企业主、退伍军人和已登记财产的所有者。1946 年毛里塔尼亚第一次举行选举时,合格的选民还不足 1 万人。1947 年,选民增加了懂法文和阿拉伯文的人;1951 年,又增加了有孩子的家长和有两个孩子的母亲;直到 1956 年,选举才改为普选。

毛里塔尼亚的第一个政党"毛里塔尼亚协和党",是 1946 年在法国社会党塞内加尔分部的列奥波尔德·桑戈尔(Leopold Senghor)和拉明·盖耶(Lamine Gueye)两人的支持下建立的。"毛里塔尼亚协和党"专为 1946 年的选举而建立,是一个并不具备良好组织和群众基础的政党。协和党的候选人霍尔马·乌尔德·巴巴那(Horma Ould Babana)在竞选中轻易地击败了代表保守的法国政府和神职人员的候选人。1951 年在他回国再次参加竞选时,被"毛里塔尼亚进步联盟"(UPM)的莫克塔·乌尔德·达达赫(Moktar Ould Daddah)击败。这个联盟是亲法国的摩尔人统治阶级的政党,他们害怕巴巴那的"社会主义"纲领。"毛里塔尼亚进步联盟"及其派生的党派从此控制了毛里塔尼亚的政治舞台。

1956 年的改革比 1946 年的改革要彻底一些。法属西非民众民族主义的高涨和政治觉悟的提高,迫使法国必须让它的海外领地拥有更多的自治权。在此背景下,法国颁布了新的海外领地"基本法",实行普选制,取消两个"选举团"的制度,建立地方代议制议会并扩大领地议会权力。由此,每个领地都能够自主制定诸如土地、水土保持、农业、林业、渔业、矿藏、贸易、小学和中学教育以及卫生保健等方面的政策。但在外交事务、国防事务、高等教育、自然资源以及经济援助等方面,仍由法国掌握。毛里塔尼亚成为一个"半自治共和国"。

1956 年改革最重要的举措是建立了领地政府来行使领地的主要行政职能,即以前由巴黎任命的殖民地官员所行使的职能。政府由 3~6 位部长组成,每一位都负责政府的一个职能部门。他们由领地议会选出并对其负责。程序是领地议会拟订一份后选部长名单，交由执政党提名。领地议会的主席由法国人担任，副主席由执政党的领导人担任。

在此背景下，1957 年 5 月，毛里塔尼亚政府和议会成立，毛里塔尼亚进步联盟成员、阿德拉尔领地议员莫克塔·乌尔德·达达赫任政府委员会副主席。

达达赫当时是毛里塔尼亚唯一的一名律师，也是显要的前法国神职团体的一名成员，刚刚从法国回到国内，尚没有介入政党纠纷，因此被邀请组成毛里塔尼亚进步联盟政府。在当时的选举中，毛里塔尼亚进步联盟在领地议会里赢得了 24 个席位中的 23 席，获得 27.2474 万张选票中的 25.2898 万张选票。

1958 年，法兰西第五共和国诞生，新宪法规定，法兰西共同体的成员必须是自治共和国。1958 年 9 月，毛里塔尼亚举行了全民公决，以 30.2018 万票对 1.9126 万票赞成国家实行"自治"。10 月，毛里塔尼亚伊斯兰共和国宣布成立，领地议会转为立宪议会。1959 年 3 月 22 日，通过了由殖民地政府起草的毛里塔尼亚伊斯兰共和国宪法，规定总理领导政府，由公民直接选出的议员组成国民议会，允许多党制。同年 5 月 7 日，选出国民议会，达达赫当选为总理。毛里塔尼亚伊斯兰共和国虽然宣告成立，但还是法兰西共同体中的"自治共和国"，其国防、外交、财政、经济、司法、教育等仍由法国掌握。

二　建国后简史

（一）达达赫执政时期

在非洲民族解放运动高涨的形势下，法兰西共同体的非洲成员国在 1960 年先后宣布独立，毛里塔尼亚也是如此。1960 年 10 月 19 日，达达赫赴巴黎同法国签署了法国向毛里塔尼亚移交权力的协定。11 月 26 日，毛里塔尼亚伊斯兰共和国宣告完全独立。达达赫行使国家元首职权。1961 年 5 月 20 日，毛里塔尼亚通过新宪法，实行总统制，总统为国家元首，行使执法权，制定国家总政策，任命部长。8 月 20 日，达达赫当选为共和国总统。12 月 25 日，"毛里塔尼亚联合党""全国联盟""穆斯林社会

主义联盟"和"民族复兴党"的一部分合并为毛里塔尼亚人民党，成为毛里塔尼亚唯一的政党，达达赫当选为该党总书记。1961 年 10 月 27 日，毛里塔尼亚加入联合国。

毛里塔尼亚独立初期同原殖民宗主国法国保持着密切的关系。1961年 6 月，毛里塔尼亚同法国签订合作协定，规定两国在外交政策上协调一致，由法国帮助毛里塔尼亚组建军队，法国保证在毛里塔尼亚受到他国攻击时给予"援助"，毛里塔尼亚留在法郎区内，两国贸易按最惠国待遇处理。不久，达达赫认识到，"没有经济上的独立，政治上的独立只是一句空话"，于是修改了同法国的合作协定，决定退出法郎区，创立本国货币乌吉亚（Ouguiya）。1973 年，毛里塔尼亚成立中央银行，建立了本国独立的金融体制。1972 年，成立毛里塔尼亚国有工矿公司。1975 年，将法国等西方国家经营的铁矿公司收归国有。此外，达达赫还重视实行教育阿拉伯化，推广和普及阿拉伯语。

20 世纪 70 年代中期爆发的西撒哈拉冲突对毛里塔尼亚的政治、经济产生了重大影响。1976 年 2 月 27 日，西撒哈拉殖民主义统治者西班牙从西撒哈拉撤走，西撒哈拉人民解放阵线随即宣布成立阿拉伯撒哈拉民主共和国（简称西撒哈拉国或西撒）。3 月 6 日，阿尔及利亚承认西撒哈拉国，次日，毛里塔尼亚同阿尔及利亚断交。4 月 14 日，毛里塔尼亚和摩洛哥签订了瓜分西撒哈拉的协定，毛里塔尼亚分得西撒哈拉南半部领土，划为其第 13 大区，又名西提里斯大区。随后，毛里塔尼亚和摩洛哥同阿尔及利亚支持的西撒人阵爆发了战争。

毛里塔尼亚将大批财力、物力和人力投入战争，军费开支剧增，国家财力枯竭，甚至导致政府数月发不出工资。政府内外交困，陷入空前的政治、经济危机，达达赫政权日益丧失民心，终于失去了对全国局势的控制能力。

（二）军政府执政时期

1978 年 7 月 10 日，毛里塔尼亚一部分高级军官发动军事政变，推翻了达达赫政权，成立了"全国复兴军事委员会"，原军队参谋长穆斯塔法·乌尔德·穆罕默德·萨莱克中校任军委会主席。军委会宣布武装部队接管政权，废除宪法，解散政府、议会、人民党，由军委会掌握国家最高权力，行使立法权，制定国家总政策，指导并监督政府工作，军委会主席为国家元首和武装部队最高统帅。军委会提出恢复和平、复兴经济、重建民主制度三项整治纲领。

1979 年 4 月 6 日，"全国复兴军事委员会"改名为"救国军事委员会"，萨莱克虽仍任军委会主席和国家元首，但由艾哈迈德·乌尔德·布塞夫中校出任军委会第一副主席，并兼任总理职务，掌握了实际领导权。5 月 27 日，布塞夫遇空难身亡。5 月 30 日，穆罕默德·库纳·乌尔德·海德拉（Mohamed Khouna Ould Haidalla）中校出任总理。6 月 3 日，萨莱克宣布引退，原军委会常委、公职部部长艾哈迈德·鲁利中校任军委会主席兼国家元首。

鲁利能力平平，其军委会主席职务形同虚设，实际权力掌握在海德拉手中。1979 年 8 月 5 日，毛里塔尼亚同西撒人阵在阿尔及利亚签署了和平协定。8 月 15 日，毛里塔尼亚从其在西撒的占领区撤出，并宣布退出西撒冲突，对西撒采取中立立场。1980 年 1 月 4 日，鲁利被清除出军委会，由海德拉任军委会主席、国家元首兼总理，马维亚·乌尔德·西德·艾哈迈德·塔亚（Maaouya Ould Sid'Ahmed Taya）中校任参谋长，形成了以海德拉和塔亚为核心的军政权。12 月 15 日，军委会宣布开始实施政治纲领的第三部分，即重建民主制度，开始成立文官政府，其职责是在军委会领导下，为建立民主制度做准备工作。文官政府总理由当时的努瓦迪布大区区长西德·艾哈迈德·乌尔德·布内贾拉担任，成员包括 5 名文人部长和一名国防国务秘书。12 月 19 日，军委会公布了一项宪法草案，准备于次年初交公民投票表决，按照宪法举行总统选举，实现军队还政于民。于是，毛里塔尼亚各种社会势力纷纷活动，力图以合法手段掌握政权，布内贾拉乘机背着军委会培植亲信，筹建政党，为选举做准备。军政府感到民主化进程难以控制，于 1980 年 1 月 25 日解散了文官政府，重新建立军政府，由塔亚中校任总理兼国防部部长。还政于民的设想流产。

1981 年 3 月 16 日，流亡国外的前军委会第二副主席艾哈迈德·萨莱姆·乌尔德·西迪中校和前空军司令阿卜德尔·卡代尔中校率领一批敢死

队员从国外潜入努瓦克肖特，攻打了元首府、总理府、总参谋部等。毛里塔尼亚武装部队进行反击，政变被挫败，西迪、卡代尔和一批敢死队员被捕。1982 年 2 月 7 日，前军委会主席萨莱克、前文官政府总理布内贾拉和被解职的内政部部长穆罕默德·拉格达夫又策划了一起推翻海德拉政权的政变，又遭到失败，萨莱克、布内贾拉等 4 名主犯被判处十年徒刑，并被没收全部财产。

从 1984 年开始，海德拉为巩固自己的政权加紧镇压，抓捕工会总书记、学联主席、记者、教师、地方政府官员等数百人。1984 年 2 月 27 日，海德拉不顾军委会中大多数成员的反对，决定承认西撒哈拉国，此举震撼全国。1984 年 3 月 8 日，海德拉对政府进行重大改组，把在西撒问题上同他意见相左的人清除出政府。被撤职的包括总理兼国防部部长塔亚和内政部部长阿卜达拉赫，海德拉自己兼任总理和国防部部长。12 月 12 日，海德拉前往布隆迪参加第十一届法属西非首脑会议时，以塔亚为首的军官发动政变，推翻了海德拉，塔亚出任军委会主席和国家元首。

塔亚上台后，努力建立国内安定的政治局面，释放了海德拉政权时期被关押的大批政治犯，结束了前政权随意逮捕、关押人员的做法，注意保障公民的人身自由和财产权利，创造宽松的政治气氛，同时加强法治建设。塔亚认为，毛里塔尼亚人陈旧的传统观念及严重的文盲现象是国家不发达的重要原因之一。因此他号召消灭部族主义、宗派主义、地方主义等社会弊端，开展扫盲，对人民进行义务教育，加强法治建设，促使毛里塔尼亚成为法治国家。塔亚从 1986 年底开始推进民主化进程，1987 年、1988 年和 1989 年先后举行民主选举，建立大区、省和乡镇三级共 208 个行政委员会。

1991 年苏东剧变后，毛里塔尼亚文职官员、知识界、文化界人士强烈要求恢复文人政府，实行多党制，西方国家也希望毛里塔尼亚推行"民主制度"，于是毛里塔尼亚民主化的进程加快了步伐。

（三）塔亚执政时期

20 世纪 90 年代以后，塔亚政权开始实施若干民主化的重大措施。首先，在 1991 年 7 月 12 日修改了毛里塔尼亚独立后的首部宪法，新宪法确立了"三权分立"的原则，并提出"建立议会制和多党制"的政治制度。其次，塔亚政权于 1991 年 8 月宣布开放党禁，允许多党并存，并颁布了《政党法》，随后毛里塔尼亚政坛上陆续出现了 20 余个大小政党，改变了毛里塔尼亚多年来实行的一党统治的局面。最后，1992 年，毛里塔尼亚进行了首次总统选举，原军委会主席塔亚以 62.65% 的多数选票当选总统。毛里塔尼亚新宪法规定："毛里塔尼亚实行总统制，总统为国家元首，由普选产生，任期 6 年，可连选连任。"这次总统选举虽然算不上民主选举，却改变了塔亚政府军政权的性质。3 月，毛里塔尼亚举行了国民议会选举，8 个政党参加竞选，在 79 个议席中，"民主社会共和党"获 10 席，"毛里塔尼亚革新党"和"民主团结联盟"各获 1 席。4 月，举行参议院选举，在 53 个议席中，"民主社会共和党"获 35 席，独立人士获 18 席。4 月 18 日，塔亚宣誓就任总统，任命西迪·穆罕默德·乌尔德·布巴卡尔为政府总理，组成由"民主社会共和党"控制、无反对党参加的文人内阁。至此，军政权比较平稳地实现了重建民主制度、还政于民的政治纲领。1996 年 1 月 2 日，塔亚解除了布巴卡尔的总理职务，任命曾担任渔业和海洋经济部部长的谢赫·埃尔阿弗亚·乌尔德·穆罕默德·库纳为新总理。塔亚政权在 1993～1998 年多次进行政府改组，吸收一些反对党和无党派人士入阁。

　　然而，塔亚政权虽然在 1992 年通过选举改变了军政权的性质，并恢复了总统制，但塔亚毕竟还不是通过民主选举选出的总统。塔亚虽然提出"实行多元化政治"和"建立民主制度"的主张，但依然没有摆脱集权统治这一根深蒂固的政治痼疾。塔亚政权在 2000 年 10 月召开内阁特别会议，宣布解散由达达赫领导的拥有 9 万多名党员的全国最大反对党——"民主力量联盟·新时代"，并对该党进行了查封。这些举措对毛里塔尼亚政治中刚刚出现的民主化倾向不能不说是个倒退。

　　2003 年 6 月 8 日凌晨，毛里塔尼亚发生政变，在经过一天的激战后，政变被平息。随后塔亚解除了库纳的总理职务，任命穆巴拉克为新总理。

（四）"民主和公正军事委员会"执政时期

　　2005 年 8 月 3 日凌晨，毛里塔尼亚又一次发生军事政变，总统卫队长费依萨尔趁塔亚赴沙特参加法赫德国王葬礼之际发动军事政变，推翻了执政 21 年的塔亚政权，组建了"民主和公正军事委员会"行使国家权力。毛里塔尼亚原国家安全局局长、时年 55 岁的埃利·乌尔德·穆罕默德·瓦尔宣布自己为该委员会主席。8 月 7 日，穆巴拉克总理及其内阁向军委会提交了辞呈，军委会遂发布命令，任命曾担任过塔亚政府总理、时为毛里塔尼亚驻法国大使的布巴卡尔为过渡时期政府总理。按军委会的权力宪章规定，总理和部长必须向军委会及其主席负责。

军委会迅速采取了一系列恢复国内稳定的措施。军委会发表公告，明确宣布过渡期由原定 24 个月缩短为 19 个月，承诺过渡期满后还政于民并制定过渡期选举时间表。对外，军委会向非洲、阿拉伯国家派遣特使，邀请联合国和欧盟、非盟等组织为毛里塔尼亚大选提供技术和后期支持，承诺不会改变反恐以及对以色列的政策。非盟虽然暂停了毛里塔尼亚的成员国资格，但欢迎毛里塔尼亚将 2 年过渡期缩短为 19 个月。美国、欧盟等西方国家对毛里塔尼亚的援助也仍在继续。毛里塔尼亚国内局势总体稳定。这就为毛里塔尼亚顺利推进民主进程奠定了基础。在国内，毛里塔尼亚国民普遍欢迎政变，社会各界连续 3 天上街游行，欢庆毛里塔尼亚民主变革取得成功。

军委会在掌管国家政权 19 个月的过渡期内开展了一系列有利于民主进程的工作。[①] 第一，完全开放党禁。允许塔亚时期长期流亡海外的反对党和组织成员回国，并允许其参加议会选举和总统选举。军政权规定：所有党派，不分大小，只要是合法组织（经内政部登记批准）都可自由参加竞选。这一措施激发了毛里塔尼亚政坛的活力，党派组建加快，政党政治活跃，到大选前有近 40 个党派组织活跃在政坛上。第二，加快立法建设。军委会执政后着手修改宪法，对塔亚时期的宪法进行较大的修改和补充，特别是对总统任期的修改——由 6 年改为 5 年，并只可连任一次。这一条款有利于政权的更新。军委会还批准了组织与行使过渡期权力的宪章，确定了过渡期的各项重要工作，同时颁布了《选举法》，保证公民享

---

① 赵慧杰：《毛里塔尼亚民主进程浅析》，《西亚非洲》2008 年第 6 期。

有选举权和被选举权。第三，健全选举的组织和机构。投入大量人力、物力开展选民登记和培训工作；邀请联合国、欧盟、非盟等国际组织对选举提供技术和后勤支持；成立宪法委员会、全国独立选举委员会、选举团、选举观察委员会等机构，以保证选举工作的公平、公正、公开、透明。

因此，在军委会掌管毛里塔尼亚政权的 19 个月过渡期内，毛里塔尼亚的民主进程进展明显。各项选举投票工作在国际机构和国内相关组织的监督下，有序、透明地进行，并得到普遍认可，各地选举的投票率都在 95% 以上，没有发生任何选民或是候选人的意外事件。毛里塔尼亚民主变革中进行的首次民主选举得到国际社会的普遍赞誉。

（五）阿卜杜拉希执政时期

2006 年 6 月 25 日，毛里塔尼亚就修改宪法条款举行全民公投，以确保国家政权顺利实行民主过渡。11 月 19 日，毛里塔尼亚举行议会和市政选举。2007 年 3 月 11 日，举行总统选举。西迪·乌尔德·谢赫·阿卜杜拉希（Sidi Ould Cheikh Abdallahi）和穆罕默德·乌尔德·阿卜杜勒·阿齐兹（Mohamed Ould Abdel Aziz）进入第二轮竞选。时年 69 岁的阿卜杜拉希，曾先后担任过水利、能源、渔业和海洋经济部部长。他在 3 月 25 日举行的第二轮投票中获得了 52.85% 的选票，其竞争对手"民主力量联盟"候选人阿齐兹获得 47.15% 的选票。阿卜杜拉希成功当选毛里塔尼亚总统。

但是阿卜杜拉希在毛里塔尼亚首次民主选举中当选总统后，一直面临种种政治困境。特别是 2008 年以来，毛里塔尼亚国内政治风波不断，议会与政府，以及与军队之间的矛盾日益尖锐。阿卜杜拉希总统在议会的压力下解散了政府，但一直难以组成一个有效的联合政府。2008 年 5 月 6 日，他任命瓦格夫为新总理，取代执政一年的总理宰丹。6 月 30 日，国民议会有 39 名议员，尤其是来自该国最大反对党"民主力量联盟"的议员向议会提交了对政府的不信任案，瓦格夫总理随后在议会对不信任案表决前递交了辞呈。阿卜杜拉希接受了瓦格夫的辞呈，但责成他重新组建新一届政府。7 月 14 日，阿卜杜拉希签署总统令，任命瓦格夫为新政府总理。该届政府 30 名成员都来自执政党"民主与发展全国同盟"。然而，7

月 4 日，由瓦格夫任主席的"民主与发展全国同盟"中的 25 名国民议会议员和 24 名参议院议员宣布退党，"民主与发展全国同盟"也因此失去了议会多数党的地位。这些议员在宣布退党后表示，他们将组成新的政党，并号召其他党员也退党，追随他们为国家变革而努力。他们还表示，将不惜一切代价把现任政府总理瓦格夫拉下台，从而引发了一场严重的政治危机。

（六）阿齐兹执政时期

2008 年 8 月 6 日凌晨，总统在没有解释原因的情况下突然下令，解除总统特别参谋部负责人阿齐兹上将、军队参谋长艾哈迈德、国家卫队参谋长纳格里和国家宪兵参谋部上校库里 4 人的职务。仅仅数小时后，毛里塔尼亚发生了军事政变，阿卜杜拉希和总理瓦格夫被扣押。其后政变军人成立了"最高国务委员会"。"最高国务委员会"于 8 月 11 日释放了总理瓦格夫和内政部部长等 4 人，但总统阿卜杜拉希仍被软禁在首都努瓦克肖特。"最高国务委员会"在 8 月 12 日通过法令规定，军队将遵照宪法通过"最高国务委员会"集体行使总统权力，有权任命政府总理和各部部长。"最高国务委员会" 8 月 14 日发布命令，任命穆拉耶·乌尔德·穆罕默德·拉格达夫为新总理。

2009 年 1 月，"最高国务委员会"决定于 6 月 6 日举行总统选举。为参选总统做准备，阿齐兹于 4 月 15 日辞去"最高国务委员会"主席职务，并建立了新党——"争取共和联盟"，自任该党主席，宣布参选总统。但毛里塔尼亚国内反对政变推翻合法民选政权的阵营力量强大，一致抵制总统选举，双方分歧严重，冲突迭起，国内政局出现严重危机。

在国际社会的斡旋下，2009 年 6 月 4 日，毛里塔尼亚三大政党在首都努瓦克肖特万国会议宫就组成民族联合政府、举行民主选举等重要议题正式签署一项和解协议，从而使自 2008 年 8 月 6 日政变以来长达 10 个月的国内政治危机出现转机。毛里塔尼亚政变领导人、前"最高国务委员会"主席、现任"争取共和联盟"主席阿齐兹和反对政变党派代表在和解协议上签字。和解协议的主要内容有：将原定于 6 月 6 日举行的总统选举推迟到 7 月 18 日举行；组成一个民族团结过渡政府管理国家事务，直到大选结束。过渡政府由 26 名部长组成，一半部长由"争取共和联盟"成员担任，另一半则由反对党"捍卫民主爱国阵线"和"民主力量联盟"成员担任。和解协议规定成立一个由各党派参加的"独立选举委员会"，为 7 月 18 日总统选举做准备。

2009 年 7 月 18 日，毛里塔尼亚举行总统选举。7 月 19 日，毛里塔尼亚内政部宣布，"争取共和联盟"主席、前"最高国务委员会"领导人穆罕默德·乌尔德·阿卜杜勒－阿齐兹在 18 日举行的总统选举中获得 40.9 万张有效选票，以 52.58% 的得票率赢得这次总统选举。7 月 23 日，毛里塔尼亚宪法委员会宣布，阿齐兹正式当选为毛里塔尼亚总统。阿齐兹于 8 月 5 日在努瓦克肖特奥林匹克体育场宣誓就职。

2008 年 8 月的军事政变是政治、经济、社会等多种因素共同作用的结果，它既是毛里塔尼亚军队干预政治此一传统的延续，又是国民思变情绪的释放，也体现了决策人物在其中的个人影响力，显示了现代民主政治的变异形式。[①] 从经济方面来看，毛里塔尼亚经济结构单一，工业发展落后，是联合国界定的世界最不发达国家之一。2007 年是民选总统阿卜杜拉希执政的第一年，由于参加总统竞选的各位候选人都对改善民生做出种种承诺，致使国民对当政者的期望值进一步提高。但是，毛里塔尼亚经济形势却出现逆转，由于全球粮价上涨，毛里塔尼亚脆弱的经济遭受沉重打击；国际石油价格不断攀升也进一步加剧了毛里塔尼亚的民生问题。2008 年 5 月，曾任毛里塔尼亚央行行长、被外界誉为"毛里塔尼亚经济专家"的宰丹总理被解职，正是百姓连续举行示威游行，对政府应对高油价和食品价格上涨的不力表现不满而使然。社会矛盾的集聚、民众的不满和反对党的鼓动，汇集成一股强大的反对现政权的力量。这也是阿齐兹能够在选举中迅速获胜的重要原因。

2014 年 6 月 21 日，毛里塔尼亚举行新一届的总统选举，阿齐兹在首轮投票中得票过半数，再次当选总统，毛里塔尼亚建国后历届领导人见表 2－1。

---

① 赵慧杰：《毛里塔尼亚政变透析——兼论非洲民主化进程》，《西亚非洲》2009 年第 2 期。

表 2 - 1　毛里塔尼亚建国后政治发展历程（1961 年至今）

时期	政府类型	执政党	国家领导人
1961~1978 年	一党制	毛里塔尼亚人民党	达达赫
1978~1984 年	军政府	救国军事委员会	萨莱克（1978~1979）； 鲁利（1979~1980）； 海德拉（1980~1984）
1984~1992 年	军政府	救国军事委员会	塔亚
1992~2005 年	多党制	民主社会共和党	塔亚
2005~2007 年	军政府	民主和公正军事委员会	瓦尔
2007~2008 年	多党制	无	阿卜杜拉希
2008~2009 年	军政府	最高国务委员会	阿齐兹
2009 年之后	多党制	争取共和联盟	阿齐兹

　　资料来源：图表由作者根据本书第 33~41 页内容编制。

第四节　著名历史人物介绍

一　莫克塔·乌尔德·达达赫

　　1929 年 12 月 25 日，莫克塔·乌尔德·达达赫出生于毛里塔尼亚南部特拉扎地区的布提里米特，父亲是一位在乌尔德比里部族中久负盛名的伊斯兰长老之子。达达赫先后在麦德尔扎学校和塞内加尔的圣路易酋长子弟学校学习并毕业。在此后的 6 年时间中，他从事翻译工作。之后，他又前往法国，完成他的第二阶段教育，在尼斯获得法学学士学位。1955 年他返回非洲后，在塞内加尔达喀尔市的莫·利昂律师事务所当一名律师助理。当时，他是毛里塔尼亚唯一的一名本地律师。

　　不久，达达赫加入了"毛里塔尼亚进步联盟"。1957 年 3 月，他作为阿德拉尔的代表被选进领地议会。接着，他出任毛里塔尼亚殖民地管理委员会的副主席，不久又担任行政委员会的主席。同时，他还兼任青年、体育和教育部的部长。1957 年 7 月，他决定把毛里塔尼亚的首都迁到努瓦克肖特，并且为这座城市制订了一项宏伟的建设计划。在这以前，毛里塔尼亚行政管理当局设在塞内加尔的圣路易城，总部就在原法国政府的办公大楼里。在这座新首都尚未建成时，达达赫就来到了努瓦克肖特，并在一顶帐篷里召开了他的第一次内阁会议。

达达赫决心要把毛里塔尼亚建成一个独立的国家，既不依附于法国也不被摩洛哥吞并，而是要把它变成"阿拉伯世界与黑非洲之间的桥梁"。为此，他建立了"毛里塔尼亚进步联盟"，目的是要将各个政治派别统一起来。1958 年 11 月 28 日，他率领该党对戴高乐提出的在法兰西共同体内实行自治的主张表示赞同。1959 年 6 月 23 日，他被议会推举为总理，同时兼任内政部部长。

随着 1960 年法兰西共同体的实际瓦解，毛里塔尼亚成为一个独立国家，成立了国民议会和内阁，达达赫担任内阁总理。1961 年 5 月通过新宪法，建立总统制，同时成立了拥有 40 个席位的国民议会。1961 年 8 月，达达赫在没有反对的情况下当选为总统。在 1961 年 12 月召开的各政党统一大会上，他又被选举为"毛里塔尼亚人民党"总书记。

从取得独立之日起，毛里塔尼亚就面临一系列难题。其中之一是它与摩洛哥的边界纠纷。达达赫坚决拒绝摩洛哥关于两国合并的倡议。1969 年，达达赫终于使摩洛哥承认了毛里塔尼亚的领土主权，并且建立了与摩洛哥的官方关系。

达达赫是民族主义者，认为毛里塔尼亚不能采用西方的民主制度，也不能采用共产主义制度，他主张实行一党制，主张把毛里塔尼亚建成一个正义、繁荣的现代化伊斯兰国家。在对外政策方面，达达赫在泛非事务中发挥了重大作用。他支持民族解放运动，提出"非洲只属于也只能属于非洲人"，强调非洲团结及阿拉伯世界同黑非洲的团结。他是非洲统一组织的创始人之一，1971 年 6 月担任非统第八届执行主席。达达赫奉行不结盟政策，在不结盟运动中发挥过一定的影响。他积极支持恢复中国在联合国的合法席位，推动一些非洲国家同中国建立和发展外交关系。他任总统期间曾三次访华。

达达赫在执政初期仍同法国保持着密切关系，后逐步摆脱法国的控制和影响，积极维护民族独立和国家主权，发展民族经济和文化。20 世纪 70 年代，毛里塔尼亚因连年干旱，农牧业减产，经济恶化，加上西撒战

争给毛里塔尼亚经济以致命的打击，政治、社会矛盾不断加深，国内不稳定因素增加。达达赫逐渐失去民心，最终失去了对全国局势的控制力，其政权于 1978 年 7 月 10 日被军人推翻。1979 年 9 月，达达赫离开毛里塔尼亚，定居法国。

达达赫性格沉着、冷静、稳重。生活俭朴，平易近人。1958 年结婚，妻子是法国人，曾是他的同学。他育有三名子女，两个男孩和一个女孩。

二　穆罕默德·库纳·乌尔德·海德拉

海德拉于 1980 年 1 月 4 日至 1984 年 12 月 12 日担任毛里塔尼亚救国军事委员会主席。在 2003 年和 2007 年的毛里塔尼亚总统选举中两次成为总统候选人，但未能当选。

海德拉 1940 年出生在努瓦迪布，在罗索完成了中学教育。1962 年加入毛里塔尼亚军队，并在法国军事学校学习。1975 年后，他在毛里塔尼亚与西撒人阵的战斗中多次担任指挥官。1978 年，海德拉参与了推翻总统达达赫的军事政变，随后成为军队总参谋长。1979 年 5 月 31 日，海德拉成为毛里塔尼亚总理，1980 年，他取代鲁利成为军委会主席。1981 年，部分军官发动了旨在推翻他的政变，但被他击败。1984 年 3 月，海德拉为巩固个人权力，解除了塔亚的总理兼国防部部长职务，由自己兼任。12 月，趁海德拉出国之际，塔亚发动政变，推翻了海德拉政权。海德拉回国后在努瓦克肖特机场被逮捕，直到 1988 年 12 月才被释放。

海德拉在内政事务上的主要成就包括推行伊斯兰教法、改革政党制度以及于 1980 年 7 月宣布废除奴隶制等。在对外事务上，海德拉最重要的成就是与西撒人阵达成协议，退出了西撒哈拉冲突。这一举措一方面导致毛里塔尼亚与摩洛哥的关系恶化直至断交；另一方面则改善了毛里塔尼亚与阿尔及利亚的双边关系。海德拉对于西撒的承认成为 1984 年 12 月塔亚发动政变的诱因之一。

三　马维亚·乌尔德·西德·艾哈迈德·塔亚

塔亚 1941 年生于阿塔尔市，摩尔人。1960 年 4 月入伍，不久作为预备役军官赴法国索米尔装甲兵军事学校学习，后又在圣迈克桑步兵学校和摩洛哥陆军学校深造。1963 年成为达达赫总统的副官，1973 年起先后任国防部第二局局长、国防部顾问等职。1975 年西撒战争爆发之初，曾任前线指挥官。1977 年任比尔莫格兰军区司令，年底任军队副参谋长。

塔亚积极参与 1978 年 7 月推翻达达赫政权的军事政变，是军政权的核心人物，曾任总理兼国防部部长。1981 年 3 月 16 日，当海德拉主席视察北方时，前军委会第二副主席西迪和前空军司令卡代尔率一批敢死队员从国外潜入努瓦克肖特发动政变，在军队参谋部抓获塔亚。塔亚设法脱逃后组织部队反击。1984 年 3 月，因不赞成海德拉承认西撒的决定，被免去总理和国防部部长职务，重新任军队参谋长。12 月 12 日，塔亚发动政变，推翻海德拉，出任军委会主席、国家元首兼国防部部长。1992 年 1 月，塔亚当选总统，于 4 月宣誓就职，并于 1997 年 12 月再次当选总统。2003 年，塔亚再次连任毛里塔尼亚总统。在 2005 年 8 月 3 日的政变中被推翻。

塔亚朴实、稳重、理智、果断，是坚定的民族主义者，以廉洁著称。他关注基层民众，政治经验比较丰富，主张政策应超脱于政党派别。

四　西迪·乌尔德·谢赫·阿卜杜拉希

阿卜杜拉希出生于毛里塔尼亚南部的阿莱格，离毛里塔尼亚首都努瓦克肖特约 250 千米。他在阿莱格镇接受了初等教育，在罗索完成了中等教育，后毕业于塞内加尔的威廉庞蒂高等师范学院（Ecole Normale William Ponty）。随后他又在塞内加尔的首都达喀尔学习数学、物理学和化学，并在法国东南部城市格勒诺布尔获得经济学硕士学位。

回到毛里塔尼亚后，阿卜杜拉希就任国家经济社会发展计划主任一职。1971 年 9 月，阿卜杜拉希被当时的总统达达赫指定为政府内阁部长。在接下来的七年中，阿卜杜拉希在政府中任众多要职，包括国家经济国务部部长和国家规划和矿业部部长。在政府任职的过程中，他成功地将铁矿国有化，并设立了国家货币单位乌吉亚。1978 年 7 月，达达赫下台，阿卜杜拉希也被监禁，直到 1979 年才出狱。1982～1985 年，阿卜杜拉希身处科威特，担任科威特财政顾问。1986 年，阿卜杜拉希回国，被总统塔亚委派进入政府任职。阿卜杜拉希最初任水力和能源部部长，后任渔业部部长。

2005年8月3日的军事政变推翻了执政21年的塔亚政权，并开始民主过渡进程。2006年7月4日，阿卜杜拉希公开宣布参加总统大选。2007年3月26日，阿卜杜拉希当选毛里塔尼亚新一届总统。

由于无力应对高油价和食品价格上涨等，总理扎因·乌尔德·扎伊丹领导的政府于2008年5月被阿卜杜拉希解散，由瓦格夫取而代之。此后，总统、总理与议会开始对立。

在2008年的军事政变中，阿卜杜拉希被软禁。12月21日，被军政权"无条件释放"。2009年6月27日，阿卜杜拉希宣布辞去总统职务。

第三章

政　治

　　毛里塔尼亚 1960 年 11 月摆脱"法兰西共同体"中的"自治共和国"地位宣布独立之后，其第一部宪法——1961 年宪法，确认了总统内阁制。1984 年 12 月军事政变后，塔亚上台，1991 年 7 月制定新宪法，确立"三权分立"原则，建立了议会制和多党制的政治体系。2005 年 8 月军事政变后，瓦尔上台，成立"民主和公正军事委员会"，2006 年 6 月修改宪法，将总统任期由 6 年缩短为 5 年，将"可连选连任"改为"可连任一次"，以防独裁和确保政权更新。毛里塔尼亚的政治制度趋于稳定，行政权归总统和中央政府，总统任命总理，并根据总理提名任命各部部长。立法权归议会，原来议会实行两院制，由国民议会和参议院组成，2017 年 8 月 5 日修宪后，废除了参议院，改为一院制。司法权归最高法院，司法机构由最高法院、省级法院、县级法院、上诉法院、劳工法院及刑事法院组成。毛里塔尼亚实行多党制，目前全国有 97 个政党，执政党为"争取共和联盟"。

第一节　宪法

一　1961 年宪法

　　1961 年宪法是毛里塔尼亚塔独立之后的第一部宪法，受法兰西第五共和国宪法的影响很大。宪法宣布伊斯兰教为毛里塔尼亚国教，肯定 1789 年《人权宣言》和 1948 年《普遍人权宣言》所颂扬的民主原则和人权原则。此外，针对摩洛哥对毛里塔尼亚提出的主权要求，该宪法对国家统一和政治独立给予特别重视和强调。

1961 年宪法规定设立总统一职，明确了总统与国民议会的关系，并实行总统内阁制。由此产生了"强力总统制"的特征，其目的是建立坚强集中的领导，以克服潜在的分裂危险。政府由三部分组成：行政、立法和司法。行政部分以共和国总统为元首并包括由他任命的各部部长以及全部行政官员。总统根据法律要求必须是穆斯林，由普选产生，任期 5 年，可以连选连任。1966 年以来，所有总统候选人都必须由人民党提名，年龄最低限为 35 岁，并要有丰富的政治经验。作为国家元首和政府首脑，总统权力很广泛，他任命仅对总统负责而不对国民议会负责的各部部长。总统仅对选民负责。宪法不要求总统也不要求他的政府在国民议会的不信任投票之后辞职。同时，总统也不能够解散国民议会。

总统的其他权力包括指挥武装部队，任命民政官吏、军事官员、法官和驻外使节，授权给各部部长和其他代表；有权签订并批准条约和其他国际协定；有权否决立法，并要求最高法院对法律或提案的宪法意义提供咨询意见；有权制定法律和修改法律。他的最大权力在于在国家危急情况下，拥有特别的、宪法以外的权威，而是否属于危急情况则由总统决定。

由选举产生任期 5 年的 50 名议员（1971 年前为 40 名）组成国民议会，每年开会 4 个月。国民议会是毛里塔尼亚的第二最高机构，议长由议会代表选出。议会的立法权被严格地限制在宪法第三十九条所特别规定的范围（民权、国籍和赋税）。国防、行政组织、教育和劳动的一般原则决定也属于议会权力。其他的立法权，包括一般原则的特殊运用，则属于共和国总统。

议会对总统主要有三种制约办法。第一，这也是最重要的，是审查预算权，据此，议会可以拒绝总统所要求的拨款，虽然总统能够根据前一年的拨款数下令执行财政计划。第二，议会能依据 2/3 以上的票数指控总统或任何一位部长犯有叛国或阴谋反对国家罪，这些指控将由最高法院，即由总统任命的司法机构审理。第三，法律由议会中绝对多数议员通过，并经最高法院宣布符合宪法标准，在此情况下，议会就可不考虑总统对这项法律的意见。

20 世纪 60 年代初期，行政和立法这两个部门之间曾有过大量的摩擦。然而，总统总能够占上风，把需要优先实施的各种方案塞进议会，从而剥夺议会的任何法律创制权。如有必要，总统还能把计划或法律交由公民投票，从而完全绕过议会。在人民党的完全控制之下，行政和立法这两个部门得以协调工作。因为总统和议会都是党的工具，它们之间的政治纠纷能在党的组织内得到解决。

只要不威胁国家生存和共和国体制，对于宪法的修改一般是允许的。修宪或由总统提出，或由议会提出，但都必须经议会 2/3 的多数通过。然而，假若这种修改得不到 2/3 的多数，而只获得简单的多数，那么总统可以把它提交公民投票决定。两次修改宪法都通过这种方式获得成功，第一次是在 1965 年，规定毛里塔尼亚人民党为唯一政党，其他政党为非法政党；第二次是在 1968 年，关于官方语言、行政官员地位和地方行政机构的一系列改革事项。

二　1991 年宪法

1991 年宪法是毛里塔尼亚的第二部宪法。这部宪法是在 1961 年宪法的基础上起草，于 1991 年 7 月 12 日通过的。该宪法确立了三权分立原则，被视为毛里塔尼亚第一部民主宪法。它规定毛里塔尼亚实行总统制，确立三权分立和实行多党制。宪法的主要内容如下。

毛里塔尼亚是一个不可分割的、民主的伊斯兰共和国。共和国保证全体公民，不分出身、种族、性别和社会地位，在法律面前一律平等。法律惩处一切种族和部族的分裂主义宣传。一切权力来自人民，国家主权属于人民，人民通过其选出的代表和公民投票方式行使主权。伊斯兰教是人民和国家的宗教。共和国箴言是"荣誉、友爱和正义"。各个政治党派和团体可以确立和表达自己的政治意志，可以自由组织和开展活动，但以尊重民主原则和不损害国家主权、领土完整、民族和共和国统一为条件。

共和国总统是国家元首、宪法的维护者、国家象征、民族独立和领土完整的保证者。总统行使行政权，主持内阁会议。任期 6 年，由普选直接产生，可以连选连任。总统确定并指导国家的外交、国防和安全政策，任免总理，根据宪法有权解散议会，任命文武官员。总统是武装部队最高统帅，主持最高国防委员会会议。总统签署和批准条约，行使豁免权。在全国性的重大问题上，总统可以公民投票的方式征询人民的意见。

立法权属于议会。议会由国民议会和参议院组成。国民议会议员任期5年，由直接选举产生。参议院议员任期6年，间接选举产生，每2年改选1/3议员。毛里塔尼亚的海外侨民在参议院有代表。议会每年举行两次例会。第一次例会于5月的上半月召开，第二次例会于11月的上半月召开，每次例会不得超过两个月。应总统或多数国民议会议员的要求，议会可举行特别会议。特别会议不得超过一个月。政府成员可以出席会议和要求发言。国民议会议长的任期与国民议会议员的任期相同，参议院议长每2年改选一次。

法律必须由议会通过。宣布战争应经议会批准。经过总统同意，政府为了执行其纲领，可以要求议会批准它在一定时期内对属于法律范围内的事项下令采取措施。法律提案权属政府和议会议员。政府和议员有法律修改权。议会将通过的法律送达后，总统应在8天内至迟不超过30天颁布该项法律。在这个期限内，总统有权要求议会再次审议法律草案。

宪法委员会由6人组成，任期9年，不得连任，每3年更换1/3委员。3人由总统任命，2人由国民议会议长任命，1人由参议院议长任命。总统从自己任命的宪法委员会成员中指定1人为宪法委员会主席。宪法委员会成员不得在政府和议会中任职。宪法委员会负责监督总统选举、议会选举和公民投票结果并肯定其合法性。

毛里塔尼亚的第一部宪法未设总理一职。自1960年独立至1978年军政权上台，由总统达达赫领导政府。军政府成立之初，由军委会主席领导政府。军委会于1979年4月首次设总理。这也是毛里塔尼亚独立后第一次设置总理。布塞夫、海德拉、布内贾拉、塔亚和库纳先后出任过总理。塔亚1984年12月上台后取消了总理职务。1992年4月，塔亚就任总统后根据现行宪法重新任命了政府总理。

根据现行宪法，总理在总统的领导下制定政府的政策。总理分配部长的任务，领导和协调政府的活动。政府致力于实施法令和法规。政府根据宪法规定的条件向议会负责。

军政权时期，军委会可做出具有司法性质的决定，集行政、立法和司法三权为一体。根据现行宪法，司法权独立于立法权和行政权，共和国的总统是司法独立的保证者，司法高级委员会协助总统工作。

三 2006 年对 1991 年宪法的修改

2005 年 8 月政变后，以瓦尔为首的军政权对 1991 年宪法进行了修改，并于 2006 年 6 月举行了修宪公投，修宪草案以 96.97% 的支持率获得通过。修改后的宪法规定：毛里塔尼亚总统任期将从原来的 6 年缩短为 5 年，总统只可连任一次，其候选人的年龄不得超过 75 岁；修宪案至少要有 1/3 议员提议、2/3 议员赞成才能提交全民公投。为保证党政分离，总统不得担任政党领导人。

2016 年 10 月，毛里塔尼亚举行"全国包容对话"，建议取消参议院；修改国旗、国歌，并形成宪法修正案草案提交议会。之后，虽然参议院否决了该草案，但政府仍在 2017 年 8 月 5 日举行了修宪公投。此次公投的投票率为 53%，85% 的选民投票赞成修宪。根据公投结果，毛里塔尼亚取消了参议院，修改了国旗、国歌。

第二节 行政机构

一 总统与现任总统阿齐兹

根据新宪法，毛里塔尼亚实行立法、行政、司法三权分立，行政权归属总统，总统任期 5 年，可连选连任一次。总统任职年龄应在 75 岁以下。总统不能兼任政党领导人。

毛里塔尼亚现任总统为穆罕默德·乌尔德·阿卜杜勒·阿齐兹。阿齐

兹 2009 年 8 月当选总统，2014 年连任至今。

阿齐兹 1956 年出生于因希里省首府阿克茹特，完成中学教育后，他加入了军队，并在指挥部服务。

1977 年，阿齐兹进入摩洛哥的梅克内斯皇家军事学院学习，毕业以后获得迅速提升。1980 年，阿齐兹晋升为中尉。1981~1982 年，阿齐兹在阿尔加完成了数理逻辑的培训，回国后，担任了国家军队指挥部的领导职务。1984 年，阿齐兹被任命为共和国总统助理，1986~1987 年，他考入阿达尔多科陆军学校，并获得上尉资格证书。1988 年 1 月，被晋升为上尉。他创建了精锐的总统卫队，并且平息了 2003 年 6 月的未遂政变，以及 2004 年 8 月的军事叛乱，因此获得了国家最高军事奖。

2005 年 8 月，总统卫队长费伊萨尔和国家安全局局长埃利·乌尔德·穆罕默德·瓦尔等人发动政变，成立"民主和公正军事委员会"，接管政权，作为总统卫队指挥官的阿齐兹是政变的参与者和执行者。2007 年 3 月 25 日举行大选，独立候选人阿卜杜拉希当选总统。2008 年 8 月 6 日，以总统府特别参谋长阿齐兹为首的军人，发动政变，扣押阿卜杜拉希总统，成立"最高国务委员会"，接管政权。此后，阿齐兹成为"最高国务委员会"主席，行使国家元首的权力。

执掌国家大权后，阿齐兹提出"建设性变革"的主张，开展"肃贪纠偏"运动，加强首都基础设施建设，对贫困阶层实行救济和补贴政策，并因此获得大批民众的支持。2009 年 4 月 15 日，阿齐兹辞去"最高国务委员会"主席职务，宣布竞选总统。在竞选活动中，阿齐兹提出"代表穷人参选总统"的口号，赢得不少选民的支持。2009 年 7 月 18 日，阿齐兹在选举中击败前国家元首瓦尔、"民主力量联合会"主席达达赫和现任国民议会议长布勒海尔等 9 位候选人，获得 52.58% 有效选票，取得胜利，并于 8 月 5 日在努瓦克肖特奥林匹克体育场宣誓就职。2014 年 6 月，阿齐兹以 81.94% 的得票率再度连任毛里塔尼亚总统（见表 3-1）。阿齐兹总统执政以来，推进政治改革，积极发展经济，加强军队建设，推行政治对话和言论自由，保持了政局的基本稳定。

表 3 - 1　2014 年 6 月毛里塔尼亚总统选举候选人得票数

候选人	得票数	得票比例(%)
穆罕默德·乌尔德·阿卜杜勒·阿齐兹	580062	81.94
比拉姆·乌尔德·达·乌尔德·阿拜德(Biram Ould Dah Ould Abeid)	61757	8.72
易卜拉希马·莫克塔·侯迈德(Ibrahima Moctar Sarr)	31381	4.43
鲍德尔·乌尔德·侯迈德(Boydiel Ould Houmeid)	31245	4.41
拉拉·迈耶姆·曼特·莫莱伊·伊德里斯(Lalla Meryem Mint Moulaye Idriss)	3453	0.49
总计	707898	100.00

资料来源：毛里塔尼亚国家统计局。转引自 *Africa South of the Sahara 2016*, edited by Europa Publications, Routledge, 2015, p. 808.

在 2014 年 8 月的就职典礼上，阿齐兹回顾了自己在第一任总统任期内所取得的成绩，特别是在反恐领域的成绩。自 2009 年以来，通过对军队进行改革，毛里塔尼亚已经多次对"基地"恐怖组织的分支"伊斯兰马格里布基地组织"进行"预防性打击"，恐怖组织在毛里塔尼亚境内进行的所有恐怖活动均以失败告终。阿齐兹还重申了政府打击腐败的决心，承诺将改善贫困人口的生活条件，并表示将为实现一个繁荣富强的毛里塔尼亚而努力奋斗。

二　中央政府

根据宪法，总统任命总理，并根据总理提名任命各部部长，总理和各部部长组成毛里塔尼亚中央政府。

毛里塔尼亚本届政府于 2014 年 8 月成立，经历了数次改组。共设 25 个部，1 个部长级代表，2 个部长级秘书长。2014 年 8 月 20 日，毛里塔尼亚总统府公布法令，任命上届政府装备与运输部部长叶海亚·乌尔德·海德明（Yahya Ould Hademine）为新任政府总理。海德明 1953 年 12 月 31 日出生于毛里塔尼亚东南部东胡德省小镇廷贝德拉，2011 年开始担任装备与运输部部长一职，任职期间曾领导落实毛里塔尼亚多项公路、港口

和航空基础设施建设。

2015年3月底,毛里塔尼亚政府将财政部与经济事务部合并,目前共有24个部,1个部长级代表,1个部长级秘书长。

政府主要经济部门如下。[①]

(1) 经济与财政部:制定、协调政府经济政策,确保政策的执行,管理与发展伙伴关系,代表国家处理与国际金融机构的事务,对政府的财政政策提出建议并进行协调;制定和实施国家预算,参与货币和信贷政策的制定和落实。

(2) 石油、矿业与能源部:制定、实施有关石油和能源产业的政策;监督有关法规的贯彻执行;代表国家与希望在毛里塔尼亚投资的外国石油公司或公司集团进行石油协议与合同的谈判并监督实施。

(3) 渔业与海洋经济部:制定、协调国家渔业政策并监督其实施;负责渔业、水产、海洋产品的科研;维护海洋生态资源;起草、实施渔业法律规定;鱼品、渔业机构和捕鱼区的卫生监督;促进与其他国家和国际组织的渔业合作。

(4) 商业、工业与旅游部:负责制定、贯彻落实政府关于贸易、旅游、手工业和保险业的政策;参与世界各种商业交易会和专业展览会,促进进出口贸易;确保国内市场消费品供应;促进商业、旅游业和手工业发展。

(5) 农村发展部:负责政府农牧业发展政策的起草、执行和评估以及农村规划;制定农牧业方面的法律法规并监督实施;指导生产技术,保证农牧业产品的供应和市场的良好运行;参与国家农牧业领域的国内和国际合作。

(6) 装备与运输部:负责政府公路、航空等交通运输方面的政策、法规的制定和实施;负责国家基础设施建设。

---

① 摘自中华人民共和国商务部编《对外投资合作国别(地区)指南——毛里塔尼亚(2016年)》,第10~11页。

截至 2018 年第二季度，毛里塔尼亚政府成员名单如下。①

（1）总理：叶海亚·乌尔德·海德明；

（2）基础教育部部长：伊斯力姆·乌尔德·赛义德·穆赫塔尔（Islim Ould Sayed Mukhtar）；

（3）文化与传统工业部部长：穆罕默德·勒米尼·乌尔德·谢赫（Mohamed Lemine Ould Cheikh）；

（4）国防部部长：迪亚罗·马马乌·巴提亚（Dialou Mamaw Batia）；

（5）教育与科学研究部部长：西迪·乌尔德·萨勒姆（Sidi Ould Salem）；

（6）石油、矿业与能源部部长：穆罕默德·阿布德尔·维塔赫（Mohamed Abdel Vetah）；

（7）环境与可持续发展部部长：阿迈迪·卡马拉（Amadi Kamara）；

（8）经济与财政部部长：穆克塔尔·乌尔德·阿盖（Mukhtar Ould Agay）；

（9）渔业与海洋经济部部长：纳尼·乌尔德·史鲁卡（Nani Ould Chrougha）；

（10）外交事务部部长：伊赛尔寇·乌尔德·艾哈迈德·伊斯德·毕赫（Isselkou Ould Ahmed Izid Bih）；

（11）健康部部长：布巴卡尔·凯恩（Boubacar Kane）；

（12）住房部部长：阿玛尔·曼特·马乌路德（Amal Mint Maouloud）；

（13）内政和权力下放部部长：艾哈迈杜·乌尔德·阿卜杜拉（Ahmedou Ould Abdalla）；

（14）伊斯兰事务部部长：艾哈迈德·乌尔德·阿赫·达伍德（Ahmed Ould Ahl Dawood）；

（15）司法部部长：迪亚·莫克塔尔·马拉（Dia Moctar Malal）；

（16）劳动、职业培训与通信部部长：巴·库姆巴（Ba Coumba）；

① 资料来源："Country Report Mauritania 2nd Quarter 2018"，Economist Intelligence Unit。

（17）与议会关系部部长：阿瓦·谢赫·西迪亚·坦迪亚（Awa Cheikh Sidiya Tandia）；

（18）商业、工业与旅游部部长：娜哈·宾特·穆克纳斯（Naha bint Maknas）；

（19）装备与运输部部长：穆罕默德·阿卜杜拉辛·乌尔德·欧达（Mohamed Abdellahi Ould Oudaâ）；

（20）水利和卫生设施部部长：叶海亚·阿卜杜达亚姆（Yahya Abdedayem）；

（21）中央银行行长：达赫·乌尔德·阿卜杜勒·阿齐兹（Dahi Ould Abdel Aziz）。

根据透明国际（Transparency International）公布的报告显示，2013年，毛里塔尼亚国际清廉度排名在 183 个国家和地区中列第 119 位，相比于 2011 年的第 143 位有很大进步。但根据 2017 年的资料显示，毛里塔尼亚的排名又退回到第 143 位。政府一些政策在实施过程中缺乏透明度等是这一结果的主要原因。2014 年，毛里塔尼亚成立了一个监督国家反腐败战略实施情况的委员会。该委员会由 15 名成员领导，包括私营部门、社会团体以及政府部门的代表，同时设有总秘书处和董事会。委员会将定期向总统和议会提交报告。金融合作伙伴可以以观察员身份参加该委员会会议。

第三节　立法与司法

一　立法[①]

1991 年宪法规定行政、立法、司法三权分立，立法权属议会，议会主要职权包括审议通过法律、监督政府工作、监督国家预算的执行等。政府所有法律、法令草案或建议案均须经议会审议并通过。国家财政预算由经济与财政部编制，经内阁会议批准后提交议会审议。

---

① 参见全国人大常委会办公厅外事局编《外国议会简介》，中国民主法治出版社，2010。

（一）毛里塔尼亚议会发展史

毛里塔尼亚独立前为法属殖民地，1946 年成为法国海外领地，同年 10 月法国在毛里塔尼亚建立"总理事会"，相当于毛里塔尼亚早期议会即领地议会，理事会主要负责商议非政治性的本地问题。

1956 年，毛里塔尼亚成为半自治共和国。1958 年 9 月 28 日，毛里塔尼亚经全民公决通过国家实行"自治"。10 月，毛里塔尼亚伊斯兰共和国宣布成立，领地议会即转变为毛里塔尼亚立宪议会并享有完全的自治权。1959 年 3 月，该立宪议会通过毛里塔尼亚第一部国家宪法，规定毛里塔尼亚为议会制国家。

1959 年 5 月，毛里塔尼亚选举产生"国民议会"，1961 年 5 月，该议会通过了毛里塔尼亚《独立协定》和宪法修正案，将毛里塔尼亚从议会制改为总统内阁制。

1971 年，毛里塔尼亚议会改选，成员数量及政党组成不变，妇女开始进入议会。

1991 年 7 月 20 日，毛里塔尼亚由全民公决通过新宪法，规定行政、立法、司法三权分立，立法权属议会，议会由国民议会和参议院组成。同年 10 月，颁布国民议员、参议员选举法。1992 年 2 月，颁布议会职能法。1992 年 3~4 月，先后进行国民议会和参议院选举。

2000 年 12 月，当局为完善民主制度，引入了议会选举比例制。

2005 年 8 月政变后，军政权宣布解散国民议会，由军委会行使立法权和行政权。2006 年 11 月和 12 月，毛里塔尼亚分别举行了市政和国民议会选举。原定 2011 年举行的新一届市政委员会和国民议会选举推迟两年后于 2013 年 11 月和 12 月顺利举行，任期到 2018 年。

毛里塔尼亚国民议会共设 147 个席位，其中 107 名议员由单议席和双议席选区经绝对多数投票选举产生，40 名议员由三议席及以上选区按比例投票制选举产生。议员任期 5 年。最近一届国民议会于 2013 年 11 月至 12 月选举产生，其中执政党"争取共和联盟"占 75 席。2014 年 1 月，穆罕默德·乌尔德·布瓦里勒（Mohamed Ould Boilil）当选为国民议会议长。

参议院共设 56 个席位，其中 53 名议员由市议会选举产生，任期 6 年，每两年改选 1/3，还有 3 名议员由毛里塔尼亚海外选民选出。2017 年 8 月 5 日，毛里塔尼亚举行并通过了修宪公投，根据公投结果，参议院被撤销，国民议会成为国家唯一立法机构。

（二）议会与总统及政府的关系

1. 议会与总统之间的关系

总统以咨文形式向议会陈述意见，但其咨文不容讨论。总统可在征询总理和议会议长的意见后宣布解散议会。议会选举应在其后的最少 30 天、最多 60 天内举行。在选举后 12 个月内总统不得再次解散议会。

总统若被怀疑犯有重大叛国罪，议会两院可通过投票表决获得绝对多数同意后，向高级法院提出对总统的指控。高级法院审判总统有罪后，总统将负法律责任。

2. 议会与政府之间的关系

总理与部长共同向国民议会负责。总理在每年 11 月的会议上向国民议会做关于过去一年政府活动和次年施政纲领的报告。总理有权要求议会赞同施政纲领。当议会对政府的管理和行为提出质询时，政府应根据法律规定的形式向议会提供必要的解释。

国民议会可以通过不信任案追究政府责任。不信任案由一名议员提出并签署姓名，同时至少有国民议会议员 1/3 的人数签署时才能被受理。不信任案提出后经过 48 小时才可以进行表决，获国民议会议员过半数票则算通过。它的通过将导致政府立即辞职。辞职的政府继续履行日常公务直至总统任命新的总理和组成新的政府。如果不信任案被否决，署名议员在同一会期中不得再次提出不信任案。

（三）议员选举及职权

任何享有政治权利的毛里塔尼亚公民都可以竞选议员。竞选国民议会议员要求年龄在 25 岁以上，竞选参议员要求年龄在 35 岁以上。候选人只能在一个选区竞选，只能在一张名单上登记。

绝对没有条件参加竞选的情况如下：加入毛里塔尼亚国籍不满 10 年者，被剥夺政治权利和公民权利者，选举中贿选和舞弊者，未复权的破产人和被移送司法处理的人。

相对没有参加竞选的情况如下：现役军人和警察；行政官员；负责举行或监督地区中镇一级选票计算的人员；负责或将被授权负责选区中镇一级托管事务的人员；因拒绝履行某项正当义务而被宣布除名的议员。

候选人应在大选前21～45天内向选区行政委员会上交参选声明，声明内容包括：姓名、年龄、职务和住址，并缴纳保证金，只有获得10%以上选票后才能收回保证金。候选人资格被确定后将被公布，公布后候选人不得退出竞选。

国民议会的席位根据各选区居民人数而定。每个县为一个独立选区，全国共设53个选区。人口低于3万人的选区设1个国民议会议员席位，人口在3万～10万人的选区设2席，人口超过10万人的选区设3席。努瓦克肖特特区作为一个选区，拥有11个席位。国民议会议员由直接选举产生，任期5年，届满后全部更换。除非议会解散，大选于国民议会结束前60天开始。

议员拥有投票权、法律草案倡议权及修改权。议员的投票权属于个人所有，任何强制委托概属无效。组织法认可在特殊情况下委托投票，在这种情况下，任何议员接受委托不得超过一次。

任何议员不得因其在执行职务时发表的意见和进行的表决而被搜查、拘留或逮捕。在议会开会期间，未经议员所在议院许可，不得因刑事案件或轻罪案件调查或逮捕议员，但现行犯除外。在议会闭会期间，无议员所在的议院执行局许可，不得逮捕议员，但现行犯、已被批准的调查或已经确定的判决除外。如议员所在议院要求，可暂停拘留或调查。

（四）议会组织结构

1. 国民议会议长

议长是国民议会的核心人物。其职权由宪法、议会组织与运行法和议会内部章程规定，主要包括：总统解散议会必须先征询议长的意见；总统宣布国家进入紧急状态必须先征询议长的意见；议长有权任命2名宪法委员会成员；议长可将未颁布的法律提交至宪法委员会裁决；议长主持国民议会与参议院的联席大会就总统递交的宪法修改草案进行投

票；议长接收所有有关议员任期或职位变更的决定或进行通报；议长召集和主持主席大会，所有的副议长、常设委员会主席、议会党团主席及财政委员会的总报告人参会；议长召集和主持议会执行局会议；议长监督确保各常设委员会的正常运行，接收所有的提案并有权将提案驳回至相关委员会以重新审核；议长宣布召开、结束或中止例会，确保例会的进行符合议会内部章程并管理会场秩序；议长在所有的公共集会中代表议会。

2. 议会执行局

议会执行局是议会的最高部门，负责组织、领导议会内部工作以及协调议会的对外活动，由12名成员组成，包括议长、5位副议长、1名总务主任和5位秘书。

3. 常设委员会

国民议会有5个常设委员会：财政委员会，外事委员会，经济事务委员会，司法、内政和国防委员会，伊斯兰指导与文化社会事务委员会。

（五）议会会议制度

议会每年召开两次例会。第一次会议在11月上半月召开，第二次会议在5月上半月召开。会议期限不得超过2个月。应总统或议会多数议员要求，可召开特别会议，会期不超过1个月。

例会期间召开的会议主要如下。

主席大会。国民议会主席大会由议长召集5名副议长、5名常设委员会主席、议会党团主席和财政委员会的总报告人召开，负责确定议会会议的日程。

根据宪法，政府有权将其提出的法律草案或提案纳入议会会议日程，主席大会将按此日程确定会议召开和持续的时间、发言人的发言顺序和时间等。

公开会议。又称全体会议，由议长、政府、报告人和议员参加。议员在此会议上行使其职权，即对法律议案进行投票、监督政府工作、审议财政预算等。公开会议是立法程序中唯一对外公开的环节。在政府或1/4出席议员的要求下，议会可举行秘密会议。

二 司 法

（一）毛里塔尼亚司法发展史

1961 年的宪法规定，司法独立于立法和行政；审判以毛里塔尼亚人民的名义进行；共和国总统是司法的保障者，司法官最高委员会协助总统工作。

20 世纪 70 年代早期，由于缺乏司法干部，并试图同时实施现代法律与伊斯兰教法律，毛里塔尼亚继续适用法国法律并任用法国人做法官。法国殖民地司法制度和伊斯兰教卡迪法庭的传统制度同步并行。直到 1965 年 1 月才第一次任命毛里塔尼亚人为最高法院的首席法官，因为根据当时的要求这个职位必须由一位穆斯林法官担任。1968 年，全国法官有 1/4 不是毛里塔尼亚人，而是法国人。

1980 年，毛里塔尼亚建立伊斯兰教法庭，实行伊斯兰教法。在毛里塔尼亚，伊斯兰教法律是处理一般民事纠纷所遵循的法律。具有现代性的案件，如国籍问题，有关汽车与飞机的诉讼案等则根据法国或其他西方国家的法律处理。现代法庭与法官同伊斯兰教法庭与法官之间分工明确，互不干扰，这在整个毛里塔尼亚的司法体系之中有明确的规定。

1991 年的宪法规定，司法权独立于立法权和行政权。总统保障司法机关的独立性，并主持最高司法会议。1993 年 1 月颁布的司法新组织法规定：毛里塔尼亚司法机构由最高法院、省级法院、县级法院、上诉法院、劳工法院及伊斯兰教法庭组成。

最高法院设于努瓦克肖特。省级法院设于努瓦克肖特和各省省会，下设混合法庭、民事法庭、商业法庭及一个或多个预审事务所。省级法院院长由资深年长的法庭庭长担任。每个省级法院可设一个劳工法院，由 1 名法官及数名陪审员组成。县级法院设于各县县政府所在地，由 1 名法官（任院长）和 2 名陪审员组成。三个上诉法院分别设在努瓦克肖特、努瓦迪布和基法，法院由院长和数名顾问组成。每个上诉法院内设一个刑事法庭，由上诉法院职务最高的顾问任庭长。

（二）最高法院

最高法院由 1 名院长，4 名副院长和若干名顾问组成。最高法院院长由总统任命，任期 5 年，须信奉伊斯兰教。最高法院具有四种职能。一是宪法上的职能。它在共和国总统请求时裁决提案、法律或条约是否符合宪法；审查总统候选人的资格，裁定选举纠纷，并监督公民投票与人口普查。二是终审职能。它是最后复审的法院，听取初审法院和劳工法院的上诉，或其他任何法院的翻案上诉（pourvoi en cassation，即针对审判不完备或触犯法律的一种上诉）。三是行政诉讼职能。对关于国家财产、公务人员地位和行政行为的诉讼具有初审和决审权。四是财政监督职能。核查公共账目，并对犯有财政管理罪行的公务人员予以制裁。

现任最高法院院长为赛义德·乌尔德·贾拉尼（Seyid Ould Ghaylani）。最高法院总检察长为穆巴拉克·乌尔德·库利（M'Bareck Ould El Kori）。

（三）伊斯兰教法庭

伊斯兰教法庭又叫卡迪法院。卡迪法院在全国都设在省一级。法院由 1 名精通伊斯兰教法的地方法官（即卡迪）主持，并有 2 名法律顾问和 2 名乌理玛（穆斯林教法学家）协助。总统任命的由 5 人组成的伊斯兰教高级理事会，为总统提供伊斯兰宗教戒律与国家立法一致的建议。卡迪法院由政府管理，政府根据明确的教阶结构对其支付报酬和晋升职位。卡迪有权调解有关伊斯兰教法律的任何诉讼以及涉及公民地位、财产继承、家庭事务、婚姻关系的案件，做出有约束力的判决。

虽然受到宪法保证，但司法权并不完全独立。司法官最高委员会成立于 1963 年（根据 1963 年 1 月 3 日法令），以保证司法的独立。但是，因其受总统的管辖，并废除了先前的终身任期制，使得毛里塔尼亚的司法体系受到行政权力的干涉。

第四节　主要政党和社会团体

一　主要政党

毛里塔尼亚独立初期曾实行过多党制。达达赫执政时期，则实行一党制。1978 年军人执政后取缔一切政党。1991 年 8 月，塔亚总统宣布开放党禁，颁布政党法，实行多党制。1999 年 11 月，毛里塔尼亚政府以"破坏国家安全与稳定"为由取缔民族先锋党，该党成为毛里塔尼亚实行多党制以来第一个被取缔的政党。2005 年 8 月瓦尔政变后，完全开放党禁。2009 年 7 月阿齐兹担任总统至今，政局基本稳定，各政党能和谐相处。目前毛里塔尼亚共有 97 个政党，其主要政党如下。①

（一）争取共和联盟

争取共和联盟（Union Pour la Repubilque，UPR），执政党，2009 年 3 月成立，共有党员约 50 万人。2009 年 5 月 5 日至 8 月 2 日，阿齐兹曾先后以过渡期"最高国务委员会"主席、国家元首和新当选总统身份担任该党主席。阿齐兹辞去党主席后，穆罕默德·乌尔德·穆罕默德·拉明（Mohamed Ould Mohamed Lamine）当选为党主席。2014 年 9 月，西迪·穆罕默德·乌尔德·马哈姆（Sidi Mohamed Ould Maham）当选为新的党主席。目前，有 57 个政党与该党合作，在议会形成总统多数派。争取共和联盟主张推行多元化政治和民主制度，维护民族团结；鼓励私营经济，改善人民生活；发展睦邻友好，捍卫国家领土和主权；主张普及教育，实现经济社会发展。

（二）民主与发展全国同盟

民主与发展全国同盟（Pacte National Pour la Démocratie et le Développement，PNDD），2008 年 1 月成立。主席为叶海亚·乌尔德·艾哈迈德·瓦格夫（Yahya Ould Ahmed Waghf）。2010 年 12 月，该党宣布加入总统多数派，支持阿齐兹政权。

（三）民主力量联合会

民主力量联合会（Rassemblement des Forces Démocratiques，RFD）是主要反对党之一，脱胎于毛里塔尼亚最早的反对党民主力量联盟 – 新时代党（1991 年毛里塔尼亚实行多党制时成立）。2000 年 10 月被政府解散，

① 《毛里塔尼亚国家概况》，中华人民共和国外交部网站，http：//www.fmprc. gov. cn/web/gjhdq_ 676201/gj_ 676203/fz_ 677316/1206_ 678188/1206x0_ 678190/。

其部分领导人于 2001 年 6 月成立民主力量联合会，继续作为反对党存在，党主席为艾哈迈德·乌尔德·达达赫（Ahmed Ould Daddah）。达达赫曾分别参加了毛里塔尼亚 1992 年、2003 年两次总统选举，未能当选。2010 年 9 月，民主力量联盟发表公报承认阿齐兹总统地位。

（四）进步力量联盟

进步力量联盟（Union des Forces du Progrès，UFP）于 1998 年初自原民主力量联盟－新时代党分裂而来，核心成员是 20 世纪 60～70 年代在毛里塔尼亚组成的共产党和劳动党的骨干。属原反对党内的温和派，主张通过对话协商解决分歧。党主席为穆罕默德·乌尔德·马乌鲁德（Mohamed Ould Maouloud）。主要支持者为知识分子和中间阶层。

（五）争取民主与革新共和党

争取民主与革新共和党（Parti Républicain pour la Démocratie et Renouveau，PRDR）原为民主社会共和党，系塔亚当政时期的执政党，1991 年 8 月成立，2005 年 10 月改为现名。2005 年 8 月瓦尔政变后，该党宣布承认新政权，支持军委会改革措施，表示要与过去决裂。2005 年 10 月，召开第三次全国代表大会，选举了由 280 人组成的全国委员会。12 月，该党选举西迪·穆罕默德·乌尔德·穆罕默德·瓦尔（Sidi Mohamed Ould Mohamed Vall）为总书记。

（六）人民进步联盟

人民进步联盟（Alliance Populaire Progressiste，APP）成立于 1991 年 10 月，是毛里塔尼亚最早的反对党之一，主要支持者为下层民众。党主席是马苏德·乌尔德·布勒凯尔（Messaoud Ould Boulkheir）。

（七）全国改革与发展联盟

全国改革与发展联盟（Rassemblement National Pour La Reforme Et Le Developpement，RNRD 或 TAWASSOUL），2007 年 8 月成立，前身是中心改革者集团。该党是温和伊斯兰政党，具有穆斯林兄弟会背景。在 2013 年立法选举中，该党获得 16 个议会席位。现任党主席穆罕默德·吉米勒·乌尔德·曼苏尔（Mohamed Jemil Ould Mansour）于 2012 年 12 月当选。

（八）其他主要政党

毛里塔尼亚其他主要政党有：民主进步联盟（Union pour la Démocratie et le Progrès，UDP）、民主团结联盟（Rassemblement Pour la Démocratie et L'UNI，RDU）等。

二 主要社会团体①

毛里塔尼亚目前最大的工会组织为毛里塔尼亚劳动者联合会（UTM），其他主要工会组织有：毛里塔尼亚劳动者总联盟（CGTM）、毛里塔尼亚自由联盟（CLTM）、毛里塔尼亚工会自由联盟（ULSM）、毛里塔尼亚全国劳动者联合会。劳动者可以自由选择参加工会组织。

工会组织在毛里塔尼亚的影响力比较强。当劳动者的权益受到侵害时，工会经常与政府、雇主联合会等一起协商解决办法。

在毛里塔尼亚内政部注册的非政府组织达1500多个。这些组织包括社会团体、行业协会、慈善机构、研究机构、宗教部族的衍生组织等，背景复杂，价值取向和政见各异。成员超过50人的非政府组织数量不到5%。西方在毛里塔尼亚设立常驻分支机构的非政府组织有30多个。

---

① 摘自中华人民共和国商务部编《对外投资合作国别（地区）指南——毛里塔尼亚（2016年）》，第14页。

第四章

经 济[*]

　　受自然条件的制约，毛里塔尼亚经济发展较为落后，是世界最不发达国家之一。经济结构单一，基础薄弱，农业生产落后，粮食不能自给，采矿业和渔业是国民经济的两大支柱，其发展也不够理想。国际援助在国家发展中起着重要作用。

第一节　经济总论

　　毛里塔尼亚独立前，只有牧业、农业及传统手工业，处于自然经济阶段。独立后，政府在经济建设领域做出许多努力，但其经济发展仍严重依赖自然资源（主要是采矿业和海洋渔业资源）。因此，尽管在独立后几十年间，毛里塔尼亚的经济发展取得了一定的进步，但仍然是世界最不发达国家之一。在联合国开发计划署公布的 2015 年人口发展指数中，毛里塔尼亚在全球 188 个国家中排名第 157 位，指数值为 0.513，处于低发展水平。在世界经济论坛公布的 2018 年全球竞争力排名中，毛里塔尼亚在 137 个参评国家中排名第 131 位。

　　毛里塔尼亚经济结构单一，基础薄弱，采矿业和渔业是国民经济的两大支柱，油气产业是新兴产业。农业生产落后，粮食不能自给，需求的

---

　　* 本章经济数据主要来源于中华人民共和国商务部编《对外投资合作国别（地区）指南——毛里塔尼亚（2017 年）》、世界银行网站、中华人民共和国驻毛里塔尼亚伊斯兰共和国大使馆经济商务参赞处网站、毛里塔尼亚国家统计局网站以及英文著作 *Africa South of the Sahara 2016* 等。——作者注

69

2/3靠进口和国际社会的援助。外援在国家发展中起着重要作用。1996年秋，国际货币基金组织和世界银行发起倡议，要求国际社会为主要位于非洲的重债穷国实行债务减免，即"重债穷国倡议"。这一倡议的目的在于保证穷国不再面临过重的债务负担，通过国际组织和各国政府共同协作，将大部分重债穷国的债务降低到其可承受的水平。毛里塔尼亚是有资格享受"重债穷国倡议"债务减免的国家之一。

1992年，毛里塔尼亚与国际货币基金组织和世界银行达成协议，开始执行经济结构调整计划，推进自由化进程，同时采取国家调控、监督市场和稳定物价等措施，经济呈现低速增长。2002年，毛里塔尼亚制定投资法。2003年，毛里塔尼亚继续实行经济自由化政策和减贫发展战略，制定吸引外资的优惠政策，推进市场经济体制改革，加大对农业和基础设施的投入。2005年政变后，"民主和公正军事委员会"将建立良政和国家财产管理透明制度作为施政的目标之一。在这一形势下，军委会于当年年末决定解决严重影响毛里塔尼亚经济发展中的问题，重新审核向国际货币基金组织提供的为期12年（1992～2004年）的全部资料，采取所有必要修正措施恢复数据的可靠性和透明度，落实确保国家可持续发展政策及合理使用预计2006年首季石油开发带来的收入。

2006年，毛里塔尼亚正式进入产油国行列。由于国内政治形势的好转，与各国和国际组织的合作也相继恢复。5月，在联合国千年发展目标会议上，毛里塔尼亚与联合国工业发展组织正式签订了2006～2008年规划。之后，欧盟宣布恢复自2005年8月3日毛里塔尼亚政变后停止的对毛里塔尼亚援助。国家债务方面，6月，国际货币基金组织减免了毛里塔尼亚债务。7月，经过上半年多轮艰难谈判，毛里塔尼亚与欧盟的5年期渔业合作协定最终签订，欧盟承诺将维持每年向毛里塔尼亚提供8600万欧元财政补贴。渔业协定是毛里塔尼亚与欧盟合作的最大项目之一，协定的签订使毛里塔尼亚政府对2006年预算法进行了修订，将预算额提高了17.9%。

2008年，毛里塔尼亚继续积极与国际金融机构合作，世界银行、国际货币基金组织等机构开始实施免债承诺，免去毛里塔尼亚每年2500万美元的还款。但是全球能源、粮食危机又加重了毛里塔尼亚的经济困难。
2008 年 8 月政变后，总额达 5 亿多美元的外援遭冻结，但作为经济支柱
的渔业、矿业、石油业领域的国际合作未受到制裁，毛里塔尼亚经济仍取
得低速增长。2009 年 8 月阿齐兹总统就任后，国际援助与合作逐渐恢复。
2010 年，毛里塔尼亚 GDP 总额 36 亿美元，人均 GDP 为 1093 美元。在
2010 年达沃斯论坛发布的全球竞争力排行榜上名列第 127 位，比上年提
升 4 位。2011 年，毛里塔尼亚制定了 2011～2015 年五年发展规划，将未
来 5 年年均经济增长率定为 5.6%，人均 GDP 目标为 1260 美元，贫困人
口比例降至 25%，矿业对国民经济贡献率由 2009 年的 20% 提高到 25%。
该规划侧重于基础设施和民生项目建设。

为了更好地吸引外资、改善投资环境，2012 年，毛里塔尼亚在努瓦
迪布创办了免税区。为边境安全及港口、公路、能源、电力、通信等基础
设施建设做了大量工作，还创建了一条龙服务窗口。

2013 年初，毛里塔尼亚颁布了努瓦迪布自贸区法令，目的是发挥努
瓦迪布的地理和经济首都优势，吸引投资，打造连接非洲、欧洲和美洲大
陆的经济平台，促进本国经济发展。在政策方面，毛里塔尼亚将给予在努
瓦迪布自贸开发区落户的企业 7 年的免税待遇，若涉及优先发展行业，免
税期可长达 20 年。

2014 年 9 月 27～30 日，世界银行考察组到访努瓦迪布自贸区，
经过磋商，双方达成了中长期合作协议：世行下属的国际开发协会和
国际复兴开发银行将分别向自贸区提供 2000 万美元和 3000 万美元的
资金，用于提高自贸区产品的国际竞争能力，改善商业经营环境。具
体合作内容是：提高表层鱼的深加工水平，增加产品附加值；进行深
水港、鱼品加工、国际机场等自贸区最优先项目的可行性研究；开展
人力资源培训等。

从经济增长率来看，2003～2008 年，毛里塔尼亚经济保持平稳增长，
GDP 年均增长率为 5.7%。其中，2006 年，由于毛里塔尼亚石油开采业、
采矿业、农业和渔业取得了较好的发展，带动国内经济较快增长，当年
GDP 总额比上年增长 11.4%。2008 年 GDP 达到 39.8 亿美元。2009 年受

全球金融危机的影响，经济有所倒退，但 2010 年随着全球经济的回暖，毛里塔尼亚经济有所复苏，2012 年 GDP 达到 52.6 亿美元，GDP 增长率为 6.2%，超过 2011 年 4% 的增长率。2013 年，毛里塔尼亚经济形势总体向好，GDP 总额达到 57.2 亿美元，增长率为 5.6%（见表 4-1~表 4-3）。海湾国家、欧盟、日本等都增加了对毛里塔尼亚的援助，毛里塔尼亚能源、渔业资源收益有所增长，农业、畜牧业产量有所增加。毛里塔尼亚工业产值达到 13.3 亿美元，60% 的大米实现自给，就业率增加，外汇储备增长，水、电短缺现象得到极大缓解。

表 4-1 2008~2017 年毛里塔尼亚国内生产总值（GDP）和
人均国内生产总值

年份	2008	2009	2010	2011	2012	2013	2014	2015	2016	2017
GDP（亿美元）	39.8	36.7	43.4	51.8	52.6	57.2	53.9	48.4	47.4	50.2
人均 GDP（美元）	1167	1047	1203	1393	1364	1450	1327	1158	1102	1137

资料来源：世界银行网站，http：//www.worldbank.org/en/country/mauritania。

表 4-2 2013~2017 年毛里塔尼亚其他重要经济数据

项目 \ 年份	2013	2014	2015	2016	2017
消费物价上涨（平均值；%）	4.1	3.5	0.5	1.5	2.3
出口货物离岸价格（百万美元）	2651.5	1938.1	1388.6	1400.7	1594.1
进口货物离岸价格（百万美元）	3044.3	2650.4	1948.0	1900.1	2133.3
往来账户结余（百万美元）	-1348.7	-1537.1	-1065.7	-882.9	-959.8
除黄金外的外汇储备（百万美元）	984.1	621.5	810.1	835.3	784.0
外债总额（十亿美元）	3.5	3.5	3.8	3.8	4.1
债偿比率（%）	5.5	9.6	11.7	12.7	12.5
美元与乌吉亚汇率（平均值）	30.1	30.3	32.5	35.2	35.8

资料来源："Country Report Mauritania 2nd Quarter 2018"，Economist Intelligence Unit。

表 4 - 3 2016 年重要经济数据

2016 年 GDP 来源	占比%	2016 年 GDP 组成成分	占比%
农业	27.4	个人消费	57.8
工业	30.0	政府消费	20.8
服务业	42.6	总固定投资	50.0
		服务和商品出口	37.2
		服务和商品进口	63.4
2016 年主要出口货物	占比%	2016 年主要进口货物	占比%
铁矿石	29.8	石油开采设备	25.9
金	20.6	石油制品	19.7
鱼和鱼制品	30.0	食物	18.6
原油	6.2		
2016 年主要出口目的地	占比%	2016 年主要进口来源地	占比%
中国	42.8	美国	16.2
瑞士	15.7	阿联酋	14.4
西班牙	10.3	荷兰	11.1
日本	8.8	比利时	10.8

资料来源："Country Report Mauritania 2nd Quarter 2018"，Economist Intelligence Unit。

　　毛里塔尼亚的投资吸引力主要表现在：政局相对稳定；鼓励投资的领域较多，投资者选择余地较大；与欧盟签有特别协议，可享受《科托努修改协定》① 的优惠待遇。世界银行《2017 年全球营商环境报告》显示，毛里塔尼亚在 190 个经济体中排名第 160 位，虽然排名靠后，但营商环境有所改善。

---

① 《科托努修改协定》经 2005 年 6 月 25 日第 30 届非洲、加勒比和太平洋（非加太）地区与欧盟成员国理事会会议签署通过，是自 2000 年《科托努协定》（Cotonou Agreement）签署以来的首次修订。《科托努协定》由非洲、加勒比和太平洋地区国家集团（简称"非加太集团"）77 个成员和欧盟 15 国于 2000 年 6 月 23 日在贝宁首都科托努签订，主要内容是欧盟向非加太国家提供经济援助，双方进行全面政治对话，及时解决在消除贫困和防止地区冲突方面的问题，扩大经贸合作以及进行财政援助改革等。

第二节　农牧渔林业

毛里塔尼亚分为四个主要的农业气候区，即干旱地区、萨赫勒地区、河流地区和海岸地区。干旱地区是毛里塔尼亚最大的农业气候区域，包括不同的子区域。在一些特别的区域，只有稀少和分散的资源。需要解决的主要问题是：防止绿洲荒漠化，保护城市、水源、水利设施，以及防止河谷暴雨洪水引起的水蚀。萨赫勒地区处于干旱地区和河流地区的过渡区域，有灌木类植物以及其他相对普遍和坚固的植物种类。河流地区是农林牧产业发展的主要区域，也是林业资源丰富的地区。海岸地区，包括从努瓦迪布到塞内加尔河河口之间的沿海地区，长约 750 千米，宽约 50 千米。

由于干旱和气候因素的影响，毛里塔尼亚农业不发达，现有可耕地面积 53.5 万公顷，其中 13.5 万公顷为灌溉田，35 万公顷为雨水田，5 万公顷为绿洲。农业产值占国内生产总值的 5%，主要农作物有高粱、水稻、小米、玉米、小麦、大麦、豆类、椰枣等。农业靠天吃饭，受自然灾害影响大。粮食自给率仅为 35%，每年需要大量进口粮食，并依靠国际援助。

畜牧业在国民经济中占重要地位，产值占国内生产总值的 6%。主要畜养羊、牛和骆驼。牲畜存栏总数：羊 1633.3 万只，骆驼 134.2 万头，牛 200 万头。

毛里塔尼亚海域是西非渔场重要组成部分，渔业是其国民经济的支柱产业，年捕捞量超过 65 万吨，渔业产值占国内生产总值约 15%，渔业收入占毛里塔尼亚外汇收入的 40%。

一　农业

农业是毛里塔尼亚的主要产业之一。毛里塔尼亚全国可耕地面积中依靠雨水灌溉的农地占大部分，因而很容易受到年降雨量的影响。荒漠化非常严重，根据联合国粮农组织的数据，超过 70% 的国土面临荒漠化的威胁。农业产区主要集中在南部塞内加尔河流域的戈尔戈勒、吉迪马卡、卜拉克纳和特拉扎等省。

毛里塔尼亚农业发展潜力很强，尤其是沿塞内加尔河北岸的灌溉农业区域。毛里塔尼亚灌溉农业潜力约为 140000 公顷，其中只有 30% 被开发出来（主要是水稻生产），其余部分都为植被所覆盖。

毛里塔尼亚农业属于半自给的家庭生产模式。水稻产区主要集中在塞内加尔河流域。传统粮食（高粱、玉米）种植，主要集中在水坝下游、河滩地、山谷洼地等地方，种植面积十分有限，且受限于降雨量的大小，因此产量有限（见表 4-4~表 4-6）。

表 4-4　毛里塔尼亚主要农作物种植面积

单位：千公顷

年份	2009~2010	2010~2011	2011~2012	2012~2013	2013~2014	2014~2015
农作物种植总量	2477	2910	1443	3319	2599	2210
小米、高粱	2111	2410	940	2590	2027	1428
水稻	134	257	310	370	409	563
玉米、小麦、大麦	232	243	193	359	163	219

数据来源：毛里塔尼亚国家统计局网站，http：//www.ons.mr。

表 4-5　毛里塔尼亚主要农作物总产量

单位：吨

年份	2009~2010	2010~2011	2011~2012	2012~2013	2013~2014	2014~2015	2015~2016
总产量	1701000	2743630	1986491	3427670	3103950	3718583	3417530
小米、高粱	1016890	1175930	252310	1295880	949210	590226	960490
水稻	531100	1344470	1589211	1842170	2025470	2932183	2232850
玉米、小麦、大麦	153010	223230	144970	289620	129270	196174	224190

数据来源：毛里塔尼亚国家统计局网站，http：//www.ons.mr。

表4-6 毛里塔尼亚主要农作物净产量

单位：吨

年份	2009~2010	2010~2011	2011~2012	2012~2013	2013~2014	2014~2015
总净产量	1313060	1995382	1295530	2393110	2131990	2276464
小米、高粱	864350	999540	214460	1101490	806829	501692
水稻	318660	806682	953520	1039350	1215282	1600972
玉米、小麦、大麦	130050	189160	127550	252270	109880	173800

数据来源：毛里塔尼亚国家统计局网站，http://www.ons.mr。

蔬菜种植面积视降雨量变化而变化，降雨量大的年份，种植面积可达 22 万公顷，遇大旱年份，种植面积不足 5 万公顷。毛里塔尼亚蔬菜种植主要品种为萝卜、葱头、土豆、西红柿、茄子、生菜和圆白菜等。受气候条件及基础设施条件所限，加上无储存加工等设施，蔬菜产季多集中在雨季，产量不高，每年仍需要进口大量的蔬菜。

毛里塔尼亚除自产一定数量的椰枣以外，几乎无其他水果种植。椰枣林集中在绿洲及河谷地带，主要产区为特拉扎省，全部在国内市场销售。受气候及水源条件影响，椰枣产量不高，每棵树仅能产出 11~15 公斤，与其他阿拉伯国家每棵树 150~200 公斤的产量相比相去甚远。目前每年除需要进口 100~300 吨椰枣外，还需要大量进口杧果、柑橘、香蕉、苹果等水果。

毛里塔尼亚农业进口较多，农产品和食品进口占进口总量的 72%，主要进口谷物、糖、油、烟草，主要出口鱼产品和牲畜。农产品出口仅占总出口的 5%。

毛里塔尼亚政府重视农业生产，制订多项农业发展计划，并拨款补贴。但经营不善是困扰毛里塔尼亚农业的主要原因。2012 年 7 月，毛里塔尼亚农业部与世界银行联合召开了关于毛里塔尼亚到 2025 年成为农业国家的战略目标研讨会，会议提出毛里塔尼亚农牧业发展的主要困难包括：缺乏资金投入、对私人投资领域缺乏吸引力、缺少基础设施、生产区被围栏分割、灌溉系统脆弱、缺少农业降雨预报、缺少和传统牧业之间关于水资源的管理协调等。

2012年，毛里塔尼亚和联合国粮农组织签署一项总金额为48.3万美元的2年期农业融资合同，主要用于采取有效方式对红象虫疾病进行有效管理和预防，减少其对经济、环境及邻近国家的负面影响，加强对该疾病传播路线的研究和技术管理能力，组织相关人员实地培训和组建必要的团队来保证有效控制和管理。12月，日本向毛里塔尼亚提供4.9亿日元，约合590万美元，用于改善毛里塔尼亚的粮食安全状况。

2015年，毛里塔尼亚农业部发布了《毛里塔尼亚2015～2017年农业发展纲要》，作为指导农业发展的纲领性文件。

二 畜牧业

毛里塔尼亚是传统的牧业国家，畜牧业在国民经济中占重要地位。畜牧业主要包括牛、羊、骆驼和家禽。毛里塔尼亚畜牧区主要集中在南部的卜拉克纳、阿萨巴、东胡德和西胡德四省。虽然大群体的养殖与畜牧在毛里塔尼亚已有几个世纪的历史（牧主往往是资本雄厚的商人），但与其他北非国家不同的是，在毛里塔尼亚几乎没有固定的大畜牧养殖场，只有很少数量的畜牧养殖户，且越来越固定在有水源的地方。牛的牧养区主要在南部塞内加尔河流域，骆驼主要集中在东部特拉扎和因希里省。羊在全国都有饲养，以南部较为集中，往北逐渐递减（见表4-7）。毛里塔尼亚牲畜加工业不发达，由于缺少现代化的屠宰场，主要出口整头牲畜。毛里塔尼亚没有皮革加工厂，皮革资源基本上没有利用。毛里塔尼亚仅能向欧洲出口很少部分牛、羊生皮。

表4-7 毛里塔尼亚畜牧业数据

年份	2010	2011	2012	2013	2014	2015	2016
牛（头）	1725	1749	1774	1798	1824	1849	1953
骆驼（头）	1370	1379	1389	1399	1409	1418	1471
绵羊和山羊（只）	15226	15988	16787	17627	18508	19432	21053

数据来源：毛里塔尼亚国家统计局网站，http://www.ons.mr。

三　渔业

（一）渔业资源

毛里塔尼亚海域位于大西洋中东部，海岸线从布兰科海峡到圣路易，全长约 754 千米，由沙丘带组成。大陆架面积 3.4 万平方千米。1988 年宣布 12 海里领海水域和 200 海里专属经济区，专属经济区面积 23.4 万平方千米。沿岸有加那利寒流自北向南沿海岸走向流动，带来北部的冷水，与由南向北流动的几内亚暖水在布兰科海峡区域混合，形成海涌升流。海洋信风风向是由北向东南的凉风，终年吹向海滨。在信风作用下，沿大陆架斜坡产生的海涌升流，含有大量的浮游生物，非常适合海洋生物的栖息繁殖，因而成为世界著名的渔场，历来有国外远洋渔业船队到此进行合作捕鱼。

头足类是毛里塔尼亚海域最有经济价值的渔业资源，其近海均有分布。头足类产量占渔业经济资源的 75%，尤以章鱼数量最多，产量最大，经济价值最高。头足类渔场主要在北纬 19°40′ 以北、西经 17°20′ 以东海域，全年均可捕捞。北纬 20°20′ 向北至摩洛哥海域分界线之间、水深 25～35 米的海域，主要以真蛸（Octopus vulgaris）为主，每年 6～8 月、11 月均为真蛸的高产汛期。商乌贼（Sepia officinalis）和柏氏乌贼（S. bertheloti）主要分布在北纬 20°31′、东经 16°20′ 以东海域，高产区在水深 100 米以内海区，密集区在水深 35 米左右，渔场分布于 19°50′～20°30′，渔期为 1～4 月和 9～11 月。欧洲枪乌贼（Loligo vulgaris）在毛里塔尼亚海域从表层至 400m 水深均有分布，中心渔场在北纬 19°40′～20°46′ 的北部渔场。

底层鱼类中，主要是塞内加尔无须鳕（Merluccius seneglensis），成鱼主要分布于大陆坡水域，常年可捕捞，以北纬 19° 以北的北部渔场为中心渔场，高产期在 1～4 月。须鼬鳚（Brotula barbata）主要分布在北纬 18°40′、水深 100～300 米的北部渔场，渔期为 1～5 月，以 2～3 月为旺汛期（见表 4－8）。

表 4 - 8 毛里塔尼亚渔业资源数据

单位：吨

科属	种类	2013 年	2014 年	2015 年
深海类	鲭 鱼	111789	241860	194072
	小 沙 丁 鱼	65683	163473	123998
	凤 尾 鱼	2555	1642	1438
	鲐 鱼	40169	82514	86207
	沙 丁 鱼	21580	60734	18036
	刀 鱼	2046	4473	1385
	金 枪 鱼	798	2011	4846
底层类	其 他 鱼	16190	15532	22446
	鳕 鱼	4421	7011	6152
	鲷 鱼	869	2798	2958
	各 种 贝 壳	2	285	153
头足类	章 鱼	12006	15742	10744
	墨 鱼	4601	1846	2640
	乌 贼	2141	2310	3040
	各 种 头 足 类		39	
甲壳类	其 他 虾 类	262	7171	2113
	龙 虾	5	305	186
总 计		285117	609746	480414

资料来源：毛里塔尼亚国家统计局网站：http：//www. ons. mr。

（二）渔业分类

毛里塔尼亚海洋渔业分为小型渔业和商业渔业两类。

所谓小型渔业是指渔民使用的渔船功率低于 147 千瓦的渔业，在 1995 年以前，这类渔船有权无限制地捕捞渔业资源，1995 年后根据船的长度给予捕鱼权，船的长度基本上分为 12 米以下和 12 米以上两类。根据毛里塔尼亚财政法，要取得捕鱼权每年须缴纳固定费用。

15 年前，毛里塔尼亚小型渔船仅有 500 艘，目前已达到 3600 艘，约有渔民 3.7 万人。在这些渔船中约有 2200 艘是独木舟和小木板船，虽实现了机器推动，但没有冷冻机，因此渔获物只能在海上冰鲜。

　　小型渔业的任务是向欧洲出口新鲜捕获鱼，向本国和西非地区市场供应生鲜、盐渍和干制产品。小型渔业除向国民提供水产品外，还创造就业机会。因其捕捞技术对海洋生物自然栖息环境的破坏较小，政府决定把发展小型渔业放在首位。所采取的措施包括：建立小型渔业渔民的职业和行业组织、建立海上安全和保险系统、提供贷款、提供社会服务和基础设施；促进生产工具的制造、捕捞技术的多样化和生产手段的现代化。

　　商业渔业利用渔业资源需要向渔业部提出申请，获得事先核准，以取得捕鱼执照或者符合毛里塔尼亚与第三国签订的渔业协定。要利用毛里塔尼亚渔业资源，商业渔业需要取得国籍船执照、从事捕捞的特定渔船执照、捕捞小型表层鱼类执照及欧盟渔船执照等。捕捞中上层鱼类则免申请执照。

　　商业渔业使用的渔船包括本国籍渔船143艘，外籍捕章鱼渔船、捕虾拖网渔船130~150艘，以及根据欧盟入渔协定或免申请渔业执照的中上层渔船140艘。本国渔船中有68艘冷冻渔船和75艘冰鲜渔船。在这些渔船中，包括日平均冷冻能力50吨和250吨的渔船。

　　商业渔业船队的年产量约为45万吨，其中，80%捕自表层水域，但产值只占总产值的20%；深海渔业的产量虽只占总产量的20%，产值却占总产值的80%，特别是章鱼船队，产量尽管只占总产量的10%，产值却高达60%。近几年鱼获物数见表4-9。

表4-9　毛里塔尼亚专属经济区鱼获物数据

单位：吨

种类 ＼ 年份	2010	2011	2012	2013	2014	2015
手工捕鱼	180109	164885	191003	251427	301539	357351
工业捕鱼	967052	997091	654354	285117	609746	480315
中上层鱼	921010	938233	604224	244620	556707	429982
底层鱼	28505	36163	22403	21482	25626	31709
头足类鱼	13989	17786	25286	18748	19937	16424
甲壳类鱼	3548	4909	2441	267	7476	2200
总　计	1147161	1161976	845357	536544	911285	837666

数据来源：毛里塔尼亚国家统计局网站：http://www.ons.mr。

毛里塔尼亚有 80 家水产品加工厂，其中 60 家产品获准出口欧盟，其日产能力为 700 吨。

毛里塔尼亚出口水产品以中上层鱼类为最大宗，其次是头足类，头足类的商业价值较高。不同市场对毛里塔尼亚水产品的需求不同，如日本是毛里塔尼亚头足类的最大进口国，而欧盟则以生鲜深海鱼类为主，其他非洲国家则以小型中上层鱼类（沙丁鱼、小沙丁鱼和竹筴鱼）为主。

水产品出口主要经由努瓦迪布港进行，它是毛里塔尼亚唯一的国家级渔港，大部分捕捞力量尤其是小型渔业的捕捞力量都集中在该港口。

鱼产品出口是毛里塔尼亚的主要创汇来源之一，2009 年鱼产品出口创汇 3 亿美元，占全年总外汇额的 22%，由此直接和间接创造就业岗位近 4 万个。但为保护海洋生态环境和渔业资源，毛里塔尼亚规定每年都有 4~6 个月的休渔期。按照毛里塔尼亚法律，毛里塔尼亚的鱼产品销售统一由毛里塔尼亚鱼产品销售公司（SMCP）负责。毛里塔尼亚鱼产品销售公司（SMCP）成立于 1984 年，为股份制公司，国家持股 70%，其余为私人股份，总部设于努瓦迪布。该公司享有毛里塔尼亚冷冻近海底层头足类产品的出口专营权。2012 年公司出口量 56809 吨，比上年增长 19.8%，出口额约 3.5 亿美元，比上年增长 14.49%，这主要得益于出口价格的提高。

（三）渔业管理

毛里塔尼亚于 1988 年宣布 12 海里领海水域、200 海里专属经济区，从此结束了"自由捕捞"的局面，开始了国际合作与竞争的新时代。依据 1988 年毛里塔尼亚渔业法规，外国渔船可通过所属国政府与毛里塔尼亚政府签订入渔协定，或自主与毛里塔尼亚公司签订租船协议，并经登记后进入毛里塔尼亚水域作业。

由于过度捕捞和滥发捕鱼许可证等，毛里塔尼亚的渔业资源近 10 年来呈急剧下降趋势。联合国发展计划署 2002 年 3 月 15 日的报告显示，西非沿海的章鱼捕捞量在 4 年内减少了 50%。就毛里塔尼亚海域而言，由于过度捕捞，一些鱼种如锯鱼等已经灭绝。对章鱼的过度捕捞始于 1990 年，1996~1998 年，毛里塔尼亚章鱼捕获量从 20252 吨/年下降至 13439

吨/年。

2007 年 1 月，毛里塔尼亚海洋和渔业研究院第六次工作会议对毛里塔尼亚渔业资源做出最新评估，其要点有：底层鱼过度开发；近 20 多种鱼类存量指数连续 25 年下降；尽管近年渔力得到控制、海上监管得到加强，但章鱼的储量形势依然堪忧；上层鱼开发捕捞处于合理状态。除资源状况，会议报告还指出，毛里塔尼亚海洋生态系统面临日益激烈的使用竞争，特别是渔力密集化（尤其是手工捕捞船队）及海上石油勘探和开发。这些因素对可持续发展及维护海洋生态系统生产能力的影响尚需要密切关注和深入研究。为了维护海洋环境，改善渔业管理，会议提出了几点建议：进一步密切关注海洋和沿海生态系统演变状况；继续限制渔力规模，特别是针对底层鱼的捕捞活动；完善手工渔业发展规划；提倡负责任渔业捕捞，限制废弃捕捞物行为；协调地区政策，做好上层鱼储量保有建设工作。

2014 年，毛里塔尼亚政府制定 2015~2019 年国家渔业与海洋经济可持续发展管理战略。该战略有三大主要目标，即可持续管理渔业资源、提高渔业对国民经济的参与度、公平分享渔业带来的红利。

2016 年，毛里塔尼亚实行新的渔业发展规划规定：一是实行配额政策，每个企业每年可捕捞配额为该企业 2009~2015 年平均捕捞数的 65%；二是扩大了禁渔区，只能在 C4 区（鱼类资源最为丰富的地区）之外捕鱼；三是大幅增加了税收，各种相关税费几乎是以前的 2 倍（宏东渔业除外）。[①]

（四）国际渔业合作

1979 年，毛里塔尼亚政府制定了新的渔业政策，逐步取消对外国渔船出售捕鱼许可证的政策，鼓励本国企业与外国企业组建合资公司，促进互利合作。先后与毛里塔尼亚建立渔业合资公司的有利比亚、伊拉克、阿尔及利亚、俄罗斯、罗马尼亚、尼日利亚和韩国等十几个国家的公司以及

---

① 引自中华人民共和国商务部编《对外投资合作国别（地区）指南——毛里塔尼亚（2017 年）》，第 19 页。

这些国家的私人资本。

毛里塔尼亚与许多国家签订有渔业协议。其中，其与欧盟的渔业协定最为重要。

欧盟早在 1988 年的欧共体时代即与毛里塔尼亚签订了渔业协定，并于 1990 年、1993 年和 1996 年续签。根据 1996 年所签订的 1996 年 8 月到 2001 年 7 月的 5 年渔业协定，毛里塔尼亚共获得 2.668 亿欧元的财务补偿费和 550 万欧元的技术援助费，欧盟则获得 40 艘围网渔船、17 艘金枪鱼延绳钓鱼船、5500 吨位的虾拖网渔船和 1.5 万吨位的头足类拖网渔船队的入渔执照配额。

2008 年 1 月 29 日，欧盟与毛里塔尼亚签署了新的渔业合作备忘录。此轮协议时间跨度为 2008～2012 年。协议准许 200 艘欧盟渔船在毛里塔尼亚水域进行捕捞，包括以虾类为主的甲壳类、无须鳕，以及其他底层鱼类、头足类、小型中上层鱼类和金枪鱼类。在财务援助和促进可持续渔业方面，根据上述的渔业协议，欧盟每年将提供 8600 万欧元的财务援助，6 年共计 5.16 亿欧元（该金额约占毛里塔尼亚国家收入的 32%），协助毛里塔尼亚发展其国内渔业。

2012 年 7 月 30 日，毛里塔尼亚与欧盟又签署了为期 2 年、自 2012 年 8 月 1 日起生效的新渔业协议。2014 年 8 月，毛里塔尼亚与欧盟商定延长于 7 月 31 日到期的渔业协定中的部分条款。

日本于 1991 年开始与毛里塔尼亚进行渔业合作。毛里塔尼亚渔场对日本金枪鱼延绳钓渔船而言，是重要的渔场，目前可捕获肥壮金枪鱼（Thunnus obesus）、黄鳍金枪鱼（Thunnus albacares）。针对日本金枪鱼延绳钓渔船的入渔条件，双方达成协议，自 2007 年 9 月 11 日起，为期 3 年，开放入渔渔船 20 艘，入渔费每个月 5000 美元。此前日本渔船的入渔费为每个月 1300 美元，此后则比照其他入渔国的标准收费。不过，毛里塔尼亚特别对日本放宽了条件，免除其雇用毛里塔尼亚国籍船员的义务等。

中国和毛里塔尼亚在渔业方面的合作始于 1990 年。根据 1991 年两国签订的《海洋渔业协定》，两国在以下方面展开密切合作：中国渔船进入毛里塔尼亚海域；更新毛里塔尼亚船队；加工毛里塔尼亚鱼产品；培训毛里塔尼亚船员；海洋和内陆捕捞以及水产养殖；修造渔船；海洋渔业资源监护；海洋渔业科研。协定有效期 3 年。如在期满前 6 个月，缔约任何一方未书面提出终止协定，则协定的有效期将自动延长 3 年，并依次顺延。

2015 年 9 月，中国与毛里塔尼亚召开了中毛渔业混委会，会议确认进一步加强两国渔业合作，深化和拓展合作领域；在打击非法的、不报告的和不受管制的（IUU）渔业活动方面加强合作，建立信息通报机制；建立联络窗口，跟踪落实混委会达成的合作共识和有关事项。

中国渔业企业与毛里塔尼亚的渔业合作已有 27 年历史，经历了开创期和高峰期，目前处于调整期。中国有多家企业在毛里塔尼亚进行渔业捕捞，其中包括中国水产（集团）总公司、上海水产总公司、福州宏东、广西百洋联合体等。① 至 2017 年，中国在毛里塔尼亚开展远洋渔业业务的企业为 5 家，入渔船数近 200 艘，投资建设渔业基地、冷库面积近 10 万平方米，投资金额 2 亿美元，创造就业岗位 3000 多个。

四　林业

毛里塔尼亚大部分地表为沙漠所覆盖。撒哈拉沙漠是典型的荒漠，很少甚至没有植物。某些有水源的山区，能够生长小叶有刺植被以及适合骆驼食用的丛生草类。因为荒漠植物的种子能够依靠休眠保存多年，一场降雨之后，沙丘上就会长出稀疏的植物。在沙丘之间的凹地里，地下水接近地面，一些植物，如金合欢、无串子树、马槟榔等到处可见。盐土地区主要是藜属植物，它们都适合生长在盐分高的土壤中。耕作限于一些绿洲，那里有大量的椰枣树。在椰枣树的树荫下面，可以生长其他作物。

萨赫勒地区的最南部雨量较多，植被较为密集，沙开始让位于黏土。在萨赫勒北部，沙丘覆以丛生草类和有刺的金合欢树。大的椰枣种植园建

① 摘自中华人民共和国商务部编《对外投资合作国别（地区）指南——毛里塔尼亚（2017 年）》，第 18 页。

于塔甘特高原。森林地区长有棕榈、金合欢、猴面包树和阿拉伯相思树。在特拉扎省和卜拉克纳省，有着广大的阿拉伯树胶林。再向南去，特别是在阿萨巴省和吉迪马卡省北部，雨量更多，足以滋润各种形式的农业。这里，粟子、玉米和高粱是主要作物。沿着海岸，大多数沙丘裸露，植物稀少。在山麓一带，则是大片的灌木林丛地段，丛生着怪柳以及矮小的金合欢等。

塞内加尔河谷地，有肥沃的冲击土和黏性土，植物比较丰富。靠近河边，由于雨水多，常被洪水淹没，形成大量水道和沼泽地，植被较多，有猴面包树、阿拉伯相思树和大量富有营养的草类。

毛里塔尼亚森林面积十分有限，全国森林总面积仅 4.8 万公顷，近一半（约 2.2 万公顷）集中在塞内加尔河流域。由于缺少能源，毛里塔尼亚有 50% 的家庭用木柴烧饭，农村的这一比例则高达 76%，使为数不多的森林资源面临被砍伐和毁灭的危险。目前毛里塔尼亚全国每年再造林面积为 1000 公顷，而每年毁掉的森林面积是它的 40 倍（见表 4 - 10）。

表 4 - 10　毛里塔尼亚圆木砍伐数据

单位：立方米

木材种类 ＼ 年份	2011	2012	2013
可锯木、单板原木、枕木	1000	1000	1000
其他工业木材	2000	2000	2000
燃木	1877000	1919000	1962000
总　计	1880000	1922000	1965000

资料来源：联合国粮农组织网站。转引自 *Africa South of the Sahara 2016*，edited by Europa Publications，Routledge，2015，p. 804。

五　农牧林业发展战略与中毛农业合作

（一）农牧林业发展战略

20 世纪 90 年代以来，毛里塔尼亚政府加大了对农牧林业的投入，积极致力于发展畜牧业、农田灌溉及粮食生产，在多个出资国和国际组织的帮助下，实施了一系列雄心勃勃的农牧林业发展项目（农业灌溉发展计划、降雨区自然资源管理项目、畜牧发展项目等），有力地发展了农牧林业基础设施，使国家开始更广泛地利用其尚未开发的农牧林业资源和廉价劳动力。

1998年，毛里塔尼亚政府出台了至2010年的《农业发展总体政策与战略》，其主要目标为：建立稳定可持续发展的农业基础，减少农村贫困人口，确保农业年增长4%。该战略确定的农业发展的四个方向为：提高国家粮食生产水平，确保粮食安全；改善农民收入，发展乡村就业，同贫困做斗争；保护自然资源，确保可持续发展；促进农业国内市场和国际市场的结合。

综合上述总体战略规划，具体到农业各领域主要有以下几个方面。

农业种植业方面加大农田特别是水浇田的开发，采用新技术（良种、肥料、土壤管理），增加粮食产量，改善大米质量和采用多种加工方法，以降低稻米生产成本。实施农业结构调整计划，在农业政策上做深入改革，鼓励私人投资农业及相关的加工、运输业，使国家逐渐撤出农业生产及销售领域。在农业信贷方面，继续支持现存的两个农业信贷机构，尤其是在资金来源上改善其资金不足的状况，在价格及销售方面继续实行私有化和自由化政策。下放国有公司的稻米加工和销售权，取消国有公司的专营粮食进口权，放开米价，只由国家确定稻谷收购指导价格，以促进粮食生产，改变目前国家粮食严重依靠进口和国外援助的局面。

在蔬菜、瓜果种植方面，解决销售这一关键问题，支持基础产品（葱头、土豆、萝卜等）供应国内市场和向邻国出口，保障国内基本蔬菜如西红柿、圆白菜、青椒、青豌豆等的供应；支持和鼓励面向欧洲市场（冬季供应为主）的刀豆、青椒、哈密瓜、樱桃西红柿、葡萄等的种植和出口；发展面向出口的热带水果（杧果、木瓜、西番莲）的种植，引进面向国际市场的新品种（特细刀豆、外来蔬菜、水果等）；扩大发展外向型农业种植，发展油料（大豆、葵花籽）作物种植和加工业。

在畜牧业方面，以发展相关工业、加强公共服务、扩大兽医医疗服务、发展畜牧点、保障水源为主要目标。继续发展鲜奶收购及加工，保障鲜奶供应。发展面向内地和邻国市场的肉用畜牧业，直至彻底取消进口冻肉。在发展畜牧业的同时，大力发展畜牧副产品（皮革）加工业，充分利用国家潜在的大量生皮资源，改善屠宰条件和生皮收购条件，大力发展皮革加工业，使皮革加工达到"兰湿"（WET BLUE）水平。发展规模化的养禽业和饲料加工工业。同时，加强畜牧业的管理也将是今后的一项重要任务，由于过度的开发，不少牧区面临威胁，应采取保护措施，特别是法律上的相关措施。

在林业方面，采取必要的措施保护仅有的占国土面积 3.5％ 的森林和绿地资源，大力发展林业，启动森林再造计划，扩大森林再造面积，开展全国性的植树活动，同时寻找替代产品，减少木柴、木炭的使用，鼓励城乡居民使用液化气。国家将制定森林法，对森林采取更加严厉的保护措施。

在农业基础设施方面，国家将投入大量资金，以改变农村在公路、电力、饮用水及教育、医疗卫生方面的落后局面。尤其要加大农村教育和在饮用水、医疗卫生方面的投入，使 80％ 以上的农村人口都能享受基础医疗服务。

在立法措施及鼓励政策方面，对国营公司实行私有化，鼓励私人投资，实行市场经济，把农业发展政策同国家宏观经济紧密结合起来；农业方面的税收及进口关税采取封顶（2000 年农业税收最高 20％，主要为国税、关税、统计税），有效保障外汇兑换体系；在贸易上实行自由化政策，放开运输服务部门，使农业运输同农业产品紧密结合起来；在土地发展方面鼓励私人投资农田开发，增加土地使用率，国家在法律上保障私人土地所有权。

此外，在农业科普和培训方面，成立专业（农业种植、生产体系）技术中心，加大技术专业人员参与制订计划和实施计划的力度，把培训与实践紧密结合，大力普及农业技术知识，针对农村妇女在农业生产中已成为主力军的状况，增加女性农业技术普及推广人员。建立国家农业专业统计机构，对农业情况（价格、市场、收入、开发面积、生产设备水平等）

进行统计。

（二）中毛农业合作[①]

20 世纪 60 年代，毛里塔尼亚的粮食自给率较低，为帮助毛里塔尼亚发展农业，中国援建了姆颇利（Mpoli）国营水稻示范农场，该农场实行机械化管理，占地 1000 公顷，年产稻谷 2500 吨。2014 年，中国在该农场附近援建了中国农业技术示范中心，带去最新的农业技术、农业信息和农业发展的经验。在姆颇利农场和农业技术示范中心的带动下，罗索成为毛里塔尼亚最重要的种植农业区域，使毛里塔尼亚谷物类粮食的自给率达到 70% 以上。

2013 年，中国在瓦德纳嘎（Ouad Naga）援建了畜牧业技术示范中心，改良了当地牛的品种，提高了毛里塔尼亚畜牧业生产总量，带动畜牧业的增产创收。

此外，中国协助毛里塔尼亚在塞内加尔河边修建了大型防洪堤和排水灌溉工程，为姆颇利农场和周围其他农场提供了充分的灌溉水源，带动了一整片区域农业的发展。在畜牧业技术示范园区，中国农业专家打井、修建水塔和水渠，根据不同的作物分区建设了滴灌系统、喷灌系统，高效利用了水源，让畜牧业示范中心从一片荒漠变为生机盎然的绿洲。

除项目援建外，中国农业专家还积极进行技术培训，为毛里塔尼亚培养畜牧业技术推广人员和重点养殖农户，手把手教授当地农民牧草种植、水肥管理、病虫草害防治、牛羊养殖、疫病防控、奶牛配套养殖、冻精配种、饲料调制等实用生产技术。

第三节　工业

一　工业概况

毛里塔尼亚的工业不发达，采矿业是其最重要的工业。矿产资源有

[①] 胡美：《中国与毛里塔尼亚农业合作正当其时》，中国社会科学网－中国社会科学报，http://ex.cssn.cn/zx/bwyc/201711/t20171109_ 3736772. shtml。

铁、铜、金、石膏、磷酸盐和泥炭。其中铁是最主要的矿产资源，毛里塔尼亚是世界第七大铁矿石供应国（见表4－11）。铁矿主要分布在：祖埃拉特（Zouerate），储量20亿吨，含铁量35%；盖尔布（Guelbs），储量3亿吨，含铁量32%；塔西亚斯特（Tasiast），储量60亿吨，含铁量32%；卡迪埃（Kediet），储量25亿吨，含铁量65%，现已枯竭。2013年，毛里塔尼亚国有工矿公司宣布，在祖埃拉特又发现一座特大铁矿，储量达到8.3亿吨。除铁矿外，其他可开采的矿藏还有：阿克儒特铜矿，储量约2300万吨；塔西亚斯特金矿，储量约60吨；恩加姆沙（N'Gham-cha）石膏，储量约40亿吨；卡埃迪（Kaedi）地区磷酸盐矿，储量1.4亿吨，目前尚未开发；泥煤储量530万立方米。2012年毛里塔尼亚生产铁矿石1200万吨，铁矿出口收入超过10亿欧元。铁矿石主要出口中国、意大利、德国、法国等。2009年，产铜3.54万吨，黄金9.13万盎司。

油气生产在毛里塔尼亚是新兴产业。2006年2月，毛里塔尼亚正式成为产油国，目前已发现6个海岸油田，储油量估计10亿桶。2007年日产原油1.6万桶左右，全年出口创汇6.42亿美元。此后原油产量逐年下降，目前日产量在6850桶左右。

表4－11　毛里塔尼亚铁矿石资源

单位：千吨

年份	2010	2011	2012
总储量	11534	11160	11200
含铁量	7500	7250	7280

资料来源：美国地质调查所。转引自 *Africa South of the Sahara 2016*，edited by Europa Publications，Routledge，2015，p. 805。

从独立之日起，政府就认识到工业在国家经济和社会发展中的重要作用，为此，国家积极推动工业发展。具体来说，其工业发展可以划分为如下四个阶段。

（一）1960～1979年：国家直接投资发展阶段

此阶段以国家通过创立国营企业直接参与工业部门的发展为特征。国

家的参与是因为私营企业弱小且缺乏动力。资金投入较多的重大项目包括石油冶炼厂、榨糖/糖果厂、制盐厂等。此阶段被批准的项目由于财政和经济计划设计不明确和不切实际，经济和社会效益不大，且耗费了大量财政资源。此外，为维持这些项目运转所拨付的财政投入给国家预算带来了沉重的负担。

（二）1980～1989 年：鼓励私人投资发展阶段

在总结国家直接投资失败的教训后，政府从 1980 年起开始实施鼓励私人投资的政策，其主要手段是给予项目创办者免除关税的优惠待遇，同时发放贷款，以帮助企业融得资金。但由于采用的方法不适当，推动中小企业创造就业和增加国家财富的目标没有实现。相反，所实施的政策还导致了行业垄断，使项目创办者获得暴利。此政策执行的结果是仅成立了 25 个企业。

（三）1990～2001 年：采取自由化政策阶段

为纠正明显的失误，鼓励私营投资，改善企业经营环境，政府采取了一系列自由化措施，如经营自由化、取消垄断、取消进口许可证、取消价格管制、取消国家对生产部门的约束、开放市场等。

在此阶段，尽管工业发展了（建立了 30 多个企业），但由于缺乏配套措施（如反倾销、出口企业进口税退还机制、对企业的保护措施等），使很多企业在适应上述新政策时遇到了许多困难。

（四）2002 年至今：颁布和修订新的投资法阶段

2002 年，毛里塔尼亚颁布新投资法。新投资法主要是加强了激励机制，使之更加适应当前经济全球化和国际竞争加剧的环境，尽管投资环境改善了，但投资增长仍很低微，外国直接投资的进入仍很少。

新的投资法对投资者直接和间接的投资给予基本相同的保证，引入免税区以鼓励企业产品和服务出口，引入投资申报制度代替批准手续使程序更加简化。新投资法还在税收方面进行了调整，以简化、减轻企业的税务压力（将营业税由 40% 减少到 25%，免除进口承包税等）。

2012 年，毛里塔尼亚又颁布了最新的投资法。新法的目的在于促进实施毛里塔尼亚的总体国家战略，促进私营经济的发展，发扬创业精神和提高国家经济竞争力。新法在适用范围、对企业提供的保证、企业的权利和自由及中小企业制度等方面都做出了新的规定。

新投资法适用于在毛里塔尼亚境内的所有合法投资项目。在对企业提供的保证方面，新法明确对企业的财产提供保证和保护，防止合法企业在毛里塔尼亚境内的财产被征用、占用或被国有化。此外，新法还规定在毛里塔尼亚境内从事投资的自然人或者法人，在现行有效的法律范围内，可获得任何性质的所有权利，包括财产权利、特许转让权利、行政授予权利和参与公平竞争权利。

在中小企业制度管理方面，新法规定本制度管理适用于投资总额在5000万~2亿乌吉亚的项目，且至少提供10个直接就业岗位的企业。对于由中小企业制度管理的企业，在期限为3年的安置阶段和运营阶段分别规定了税收方面的优惠政策。

对于进驻经济特区的企业，新法规定了基础设施、税收和关税三个方面的优惠政策。对于在努瓦克肖特以外设置的开发区的任何企业，在符合条件的情况下也可以申请新法核准的特殊优惠待遇，享有在关税和税收方面的优惠条件以及获得特许经营权转让的权利。

二　铁矿业

毛里塔尼亚地表有50%左右被沙丘覆盖，它们构成了巨大的准平原，其中在褶皱带之上散布有残山。1935年，在毛里塔尼亚北部宰穆尔省克迪亚 – 迪吉尔（Kedia d'Idjil）地区发现铁矿。1948年，首次研究开发铁矿。1963年，法国米费尔马（Miferma）公司在毛里塔尼亚首次开采出铁矿石，并经由努瓦迪布港口将铁矿石运往国外。1984年在来恩（Rhein）、1987年在姆哈乌达特（M'Haoudat）陆续开采出铁矿石。1991年在克迪亚东南部又发现铁矿，储量6000万吨。

毛里塔尼亚铁矿石由毛里塔尼亚国家工业和矿业公司（Societe Nationale Industrielle Miniere，SNIM，简称国家工矿公司）负责开采。国家工矿公司成立于1972年，是毛里塔尼亚最大的企业，也是毛里塔尼亚唯一的铁矿石生产和销售企业。公司股份中毛里塔尼亚国家股份占

78.35%，其余的21.65%股份为5家外国公司和1家毛里塔尼亚私营公司拥有：科威特不动产投资财团（7.17%），阿拉伯矿业公司（5.66%），伊拉克对外发展基金（4.59%），摩洛哥矿业研究计划局（2.30%），伊斯兰发展银行（1.79%），毛里塔尼亚私营公司（0.14%）。目前，毛里塔尼亚财政收入的28%来源于该公司，其每年的出口量占全国出口量60%左右。

国家工矿公司下属有四个露天采矿场，开采成本较低，且大多数矿石含铁量较高。其中，迪吉尔、姆哈乌达特两个矿区为赤铁矿，含铁量高达64%~65%。为了节约资源、提高产品数量与质量、提升企业的国际竞争力，公司十分注重设备技术的更新，投入了大量资金用于采矿、生产、装卸等设备的现代化，并对铁路、港口等基础设施进行了大量的投资，不断提升企业的工作效率。从祖埃拉特（Zouerat）矿区到努瓦迪布港口有铁路专用线（铁轨宽1.435米），全程长700千米，这是当今世界上最长（一列车长达2.5千米）、载重量最重（2.2万吨）的火车。一列火车需要3~4个柴油机组（总共约10万马力）的火车头牵引，后面拖挂210节车厢，以及10多节平台车和油罐车等。铁矿产品运至努瓦迪布之后，由翻斗车卸货，进入港口仓库，要经过颗粒检测处理和三四次研磨、筛选。港口码头有15万吨位的中央输送装置和其他辅助传送设施，可将铁矿石不断地输送到大型船上。

国家工矿公司每年所开采的铁矿石几乎全部出口，年出口量为1100万~1200万吨。2001年国家工矿公司出口1009万吨铁矿石，金额为2.1亿美元。2007年铁矿石出口达到创纪录的1181.5万吨，打破了1997年创造的1168.9万吨的出口纪录。为了应对激烈的国际市场竞争，国家工矿公司在2007年制定了一个包含矿业研究、增加产能、改善质量、开发人力资源、提高工作效率和开发新市场六个方面的发展战略。

2009年12月初，国家工矿公司与多家金融机构签署了7.1亿美元的融资协议，这是毛里塔尼亚历史上最大的一个投资项目。向其提供贷款的机构主要有非洲发展银行、伊斯兰发展银行、欧洲投资银行、法国发展署及几家商业银行。贷款主要用于铁矿砂专用码头扩建和一个新矿区的开发。国家工矿公司希望通过该新矿区的开发，每年能增加 400 万吨铁矿石的产量。

2011 年，国家工矿公司土方产量超过 1.05 亿吨，比 2010 年增长 21%，营业额超过 4150 亿乌吉亚，相当于 14.39 亿美元，销售量达 1102 万吨。2013 年，该公司铁矿石销售达到了创纪录的 1300 万吨。这一业绩的取得得益于努赫达（Nouhoudh）矿区项目的实施。2014 年 7 月，公司宣布上半年铁矿石产量达 670 万吨，较上年同期增长 8.5%。根据其中长期计划，2014 年的销售量目标是 1800 万吨，2018 年的销售量目标是 2500 万吨。公司的目标是通过现代化改造，到 2025 年，跻身于世界五大铁矿石生产商之列。

国家工矿公司不仅从事采矿工业，还积极致力于毛里塔尼亚国家建设。2007 年，公司成立了一个基金会，基金会在毛里塔尼亚的社会经济发展中起到了重要作用。特别是在努瓦迪布 - 祖埃拉特走廊地区，基金会给当地百姓提供基本的社会服务。2007～2012 年，基金会修复、建造和装备了卫生中心、学校、清真寺、商场、水井、水坝等公共设施。2012 年 4 月 8 日，基金会向国家粮食安全署捐赠了 2 万吨小麦，用于缓解国内部分地区民众的生活困难。2012 年 11 月 27 日，国家工矿公司宣布投资 120 亿乌吉亚（约合 4000 万美元），用于发展矿区祖埃拉特的民生项目，包括建造咸水处理系统、太阳能中心、祖埃拉特机场、污水处理站和技术培训中心。仅 2012 年，基金会就为本国发展投资了 6.6 亿乌吉亚。基金会的行动战略方针是：完善基本社会服务，包括饮用水、教育、卫生、社会和经济基础设施；为中小型企业的发展提供融资渠道；促进地方社区的能力建设。

从国际合作来看，在国家工矿公司的发展和现代化过程中，欧盟给予了很大的帮助，使其成为非洲大陆名列前茅的矿业公司。2003 年 7 月，毛里塔尼亚与欧盟签署了一项重要的援助协议，即《稳固矿业出口收入制度框架下的扩建矿石船码头的投资协议》，欧盟赠款 4500 万欧元用于更新和扩大努瓦迪布的矿石船码头。该项目使用了欧盟拨付毛里塔尼亚的 2001～2007 年第 9 个欧洲海外国家与领土发展基金总数的 1/4。使用如此巨额资金扩建矿石船码头，其主要目的在于改善毛里塔尼亚矿业资源的出口能力，保持毛里塔尼亚在国际铁矿石市场中的地位，提高国家工矿公司的竞争力，推动其他潜在的矿石开发者参与等。目前扩建项目计划在2018年达到2500万吨的开采量，到2025年开采量达到4000万吨。

中国与毛里塔尼亚自建交以来，建立了密切的经济关系。中国钢铁企业积极实施海外战略，力求在全球范围内尽可能地获取所需铁矿资源，以满足日益扩大的国内需求，而毛里塔尼亚丰富的资源与开采潜力吸引了中资的积极进入，在铁矿资源勘探、开发等领域共同推进合作项目，进一步拓展了合作空间，使双方的合作步入了一个新的阶段，也直接促进了两国之间的贸易。例如，2007年8月20日，中国五矿集团公司与毛里塔尼亚国家工矿公司签订了为期7年的成品矿石长期供货合同。合同规定，从2008年开始，毛里塔尼亚国家工矿公司每年向中国五矿集团公司提供150万吨成品矿石，约占当年毛里塔尼亚铁矿产量的12.5%。2012年国家工矿公司和中国五矿集团公司合作的塔扎迪特（Tazadit）露天井下开采项目启动实施。该项目总投资2.5亿美元，预计铁矿石年产量250万吨，是毛里塔尼亚第一个井下开采矿产项目。

三 石油业

毛里塔尼亚地质结构划分为四大区域：西部沿海盆地、东部塔乌德尼（Taoudeni）盆地、北部勒盖衣巴特（Regueibatt）山脊高地和位于沿海盆地和塔乌德尼盆地之间的毛里塔尼德山脉。其中，油气资源主要位于沿海盆地和塔乌德尼盆地。沿海盆地又称塞内加尔－毛里塔尼亚盆地，位于大西洋沿岸，南、北长500千米，东西宽300余千米，总面积约16万平方千米，其中海上面积为10万平方千米。该盆地地质结构为第三纪岩层。塔乌德尼盆地位于毛里塔尼亚东部，与马里接壤。盆地总面积150万平方千米，其中在毛里塔尼亚境内面积为50万平方千米，覆盖了国家整个东部地区。盆地地质构造为第四纪亚寒武纪沉积物（晶状）结构，存在多种矿床迹象，尤其是石膏矿、铜矿、重晶石矿等。

毛里塔尼亚的石油勘探活动开始于1960年，主要是在沿海盆地打了11口探井。真正意义的石油勘探活动是从1966年以后开始的，而绝大部分的勘探活动集中于沿海盆地近海海域。毛里塔尼亚政府非常重视石油等资源的勘探与开发。为求证石油资源的存在，政府于 1990 年、2002 年先后两次颁布了矿业法，以吸引更多的投资者来毛里塔尼亚寻找矿藏。为促进对塔乌德尼盆地的矿产开发，特别是石油资源的勘探活动，2002 年毛里塔尼亚政府将该盆地分区块向外国石油公司出售勘探权，当年第 1、2 区块的勘探权被阿联酋一家集团购得。2003 年政府将第 11、12 区块售予澳大利亚与毛里塔尼亚合资组建的一家公司。

1999 年，毛里塔尼亚政府与澳大利亚伍德赛德公司（Woodside）签署了石油勘探与分成合同。根据合同，伍德赛德公司在 25 年内享有 50% 的产品分成权利，以补偿其勘探的投入，此后毛里塔尼亚政府享有改变石油产品分成比例的权利。2001 年，伍德赛德公司完成对欣盖提（Chinguetti）井的勘探。

在 2002 年 11 月 28 日毛里塔尼亚独立 42 周年庆典上，塔亚总统宣布毛里塔尼亚已探明 2 块油田，总储油 2 亿桶，另外还确认有 300 亿立方米的气田。根据勘探情况，毛里塔尼亚的油气分布及储量情况如下。

欣盖提井。该井处于深水四区块，距离海岸线 80 千米，水深 791 米；2004 年 1 月 6 日确认了其开采价值。2006 年初可实现日出口 75000 桶原油，开采年限为 8~15 年，储量约 1.8 亿桶。

泰尤夫（Tiof）井。位于努瓦克肖特以南 90 千米，欣盖提井以北 25 千米。2003 年勘探，有大量石油及天然气储量。2005 年将完成评估。原油储量达 70 亿桶，2007 年开始开采。

班达（Banda）井。距欣盖提井 75 千米。2002 年 9 月勘探，原油储量约 7 亿桶，天然气储量约 800 亿立方米，该储量可供建设一家天然气厂使用。

柏利卡（Pelican）井。2003 年勘探，位于欣盖提井以北 150 千米。

提菲（Tevet）油井。2004 年勘探，欣盖提油井以北 10 千米处，原油储量约为 1 亿桶。

2005 年 6 月 23 日，法国著名的石油集团道达尔集团与毛里塔尼亚政府签署了关于在塔乌德尼盆地进行石油勘探的协议。根据协议，道达尔公司将进行一系列地质研究，以确定塔乌德尼盆地两个地方是否储有石油。地质研究完成后，如取得积极成果，道达尔公司将与毛矿业与工业部商签开采合同，进行石油钻探。

2006 年 2 月 14 日，毛里塔尼亚内阁会议审议并通过了关于设立国家石油产品收入基金的法令，包括石油产品分成、租金收入及各项税收，并开立国家专用管理账户。法令规定，石油收入将在国家预算范畴内加以使用。

2006 年 2 月 27 日，毛里塔尼亚官方宣布欣盖提油田产出第一桶石油。至此，经过 5 年的勘探开发，毛里塔尼亚开始进入石油商业开发阶段，期待已久的"黑色金子"的梦想终成现实。

2006 年，毛里塔尼亚实际产油平均 3.7 万桶/天。全年生产原油共 1170 万桶，石油收入为 1888 亿乌吉亚（约折 7.15 亿美元）。据毛里塔尼亚石油收入监管会报告，2007 年 1～8 月毛里塔尼亚石油总产量为 391 万桶，平均每天 1.6 万桶。毛里塔尼亚 2010～2016 年的产油量见表 4－12。

表 4－12　毛里塔尼亚 2010～2016 年产油数据

单位：千桶

年份	2010	2011	2012	2013	2014	2015	2016
产油量	3025	28244	26674	24548	21703	19332	17273

数据来源：毛里塔尼亚国家统计局网站，http://www.ons.mr。

2014 年 11 月 25 日，毛里塔尼亚政府同法国道达尔石油公司签署了石油开采协议，道达尔公司将在毛里塔尼亚塔乌德尼盆地第 29 区块进行石油开采。之后，毛里塔尼亚政府通过了该协议的变更条款，延长道达尔公司在该区块第一期开采的时间，由原定的 3 年延长至 4 年。2017 年 5 月，道达尔公司与毛里塔尼亚政府签署了关于在毛里塔尼亚海上深水 C7 区块的勘探与生产合同。

为了保护海洋生物环境，2012 年 4 月 8 日，毛里塔尼亚政府宣布实施一项名为"生物多样性－天然气－石油"的行动计划。该计划旨在通过政府、公民和企业的合作，在发展石油天然气行业的同时保持海洋生物多样性。毛里塔尼亚政府负责环境与可持续发展部代表表示：沿海和深海区域是毛里塔尼亚的重要财富，提供了丰富的水产资源，为国家经济发展做出了主要的贡献，近几年该区域的石油天然气开发为国家提供了额外的财富，但同时生态系统也承受了很大的压力，希望该行动计划的实施能使经济发展和环境保护协调进行。

四 铜矿和金矿业

铜矿主要位于因希里省阿克儒特附近，储量约 2200 万吨。阿克儒特铜矿矿体分两层，上部为氧化矿，下部为硫化矿，含铜量较低，分别为 2.75% 和 1.74%。

塔西亚斯特金矿位于达赫莱特－努瓦迪布省伊纳勒北部 60 千米处。1994～1996 年，毛里塔尼亚地质研究局（Mauritanien des Recherches Geologique）与法国地质矿产调查局联合进行了勘探。根据勘探报告，该金矿属世界富矿之一。最佳矿脉在阿乌埃（Aoueoua），南北长 16 千米，宽 1～4 千米。含金量为 2～9.8 克/吨。在塔甘特省穆杰里（Moudjeria）也发现了金矿和铜矿。2006 年，在毛里塔尼亚作业的加拿大第一量子（First Quantum）矿业公司宣布，在阿克儒特地区的盖勒·蒙格莱因的露天矿田开始投产，铜矿石月产可达 1650 吨，黄金月产 2800 盎司。

2007 年 7 月，毛里塔尼亚因希里省的塔西亚斯特金矿正式落成。该矿的评估储量为 1200 万吨，品质中等，每吨含金量为 2.70 克，约为 40 吨黄金。该矿可开采 10 年，年均产量 11 万～12 万盎司。

2007 年上半年，阿克儒特 MCM 公司（MCM d'Akjout）实际产量分别为 13496 吨浓缩铜和 0.821 吨黄金，出口 8668 吨铜和 0.520 吨黄金，公司收入为 6470 万美元。MCM 公司是加拿大第一量子公司设在毛里塔尼亚的一个分公司，在毛里塔尼亚阿克儒特地区开采金矿和铜矿。

2011 年第一季度，铜矿出口额为 80 亿乌吉亚，金矿出口额达到 240 亿乌吉亚；第二季度，铜矿出口额为 149 亿乌吉亚，较前期增加了近 1 倍，金矿出口额 199 亿乌吉亚，较前期下降 16.8%；第三季度，铜矿出口额为 139 亿乌吉亚，较前期下降了 6.1%，金矿出口额 245 亿乌吉亚，

较前期上升23%。2011年铜矿和金矿总收入约4亿欧元。毛里塔尼亚2010～2016年的铜矿和金矿产量见表4-13。

表4-13 毛里塔尼亚2010～2016年铜矿和金矿产量

年份	2010	2011	2012	2013	2014	2015	2016
铜(吨)	370000	399000	348000	371000	331000	449000	329000
黄金(盎司)	2677000	2636000	2430000	3043000	3095000	2830000	2291000

数据来源：毛里塔尼亚国家统计局网站，http://www.ons.mr。

五 手工业

毛里塔尼亚手工业发展历史悠久，传统的手工业渗透人民生活的各个方面，它不仅为毛里塔尼亚人民提供丰富的生活必需品，同时工艺精湛的手工艺术品也给毛里塔尼亚人民带来无穷的艺术享受。全国有8万多个家庭从事手工业。

毛里塔尼亚手工业种类繁多，主要有家庭手工业、乡村普及手工业、乡村专业手工业以及现代手工业。家庭手工业主要是家庭妇女在农闲期以家庭为基础组成的合作社，从事地毯、凉席、篮、篓、筐的编织以及农业食品的加工。乡村普及手工业有5700个作坊，就业人口8500人，从事首饰以及木器的加工与制造。乡村专业手工业涉及实用、装饰工艺品，主要有鞣革和皮革的加工、贵重金属的加工、陶器制造、扎染、编织、雕塑等。现代手工业主要分布在努瓦克肖特和努瓦迪布，主要有面包工业等。目前毛里塔尼亚的手工业生产工艺简单，设备落后。随着新型手工业（服装业、针织业等）不断涌现，需要引进新的加工设备，掌握新的工艺技术，配备必需的零配件，做好机器维修工作等。

目前毛里塔尼亚手工业缺乏商品化结构，普遍存在原材料供应困难、产品销售难、资金紧缺、市场竞争激烈等问题。政府对手工业的发展相当重视。为促进和发展手工业，政府不断出台新的政策法规，并于2002年9月16日在努瓦克肖特开办了一家专门提升手工业产品质量的专业作坊，其目的是保护毛里塔尼亚手工艺品的货真价实，与假冒伪劣行为做斗争。政府还通过世界银行以及其他的国际金融机构为毛里塔尼亚手工业者提供资金支持和帮助。同时政府还采取很多有力的举措促进手工业的发展，如重建国内博览会场所，建立手工业者网站，组织手工业产品的国内博览会以及在产品的经营、商品化、制造等专业方面组织培训等。手工业对毛里塔尼亚文化和社会经济的发展起到了重要的作用。毛里塔尼亚手工业只有在产品质量优良、形式新颖、保持传统特性三结合的基础上，才能与其他国家的手工业产品竞争，打入国际市场。

第四节　其他产业

一　交通运输业

毛里塔尼亚拥有良好的公共交通系统，包括国际和国内的机场，以及贯通毛里塔尼亚主要城市和城镇之间的公路和铁路系统。毛里塔尼亚政府重点推动有益于国家经济社会发展的次级公路网建设，通过了《公路安全战略计划》和《2012～2016年度优先行动规划》。2013年，政府继续加强省级路网和城市道路建设，完成阿尔及利亚至马里和塞内加尔的北南公路建设项目，建设罗索大桥贯通丹吉尔－努瓦克肖特－达喀尔－拉各斯跨国公路。同时扩建友谊港和努瓦迪布油码头，在首都兴建渔码头，建设努瓦克肖特新国际机场，改建塞利巴比和祖埃拉特机场。

（一）公路

1960年独立时，毛里塔尼亚只有一条柏油公路。1973年柏油路占全部公路网的6%。到1990年，毛里塔尼亚拥有7500千米公路，其中柏油路1686千米。20世纪90年代以来，毛里塔尼亚政府重视道路建设，投入较大。据毛里塔尼亚国家统计局资料，1999年，全国各类公路总计7891千米，其中柏油公路2090千米，加固土路840千米，小路4961千米。主要公路有努瓦克肖特－布提里米特－阿莱格－基法－阿云阿特鲁斯－内马公路，被称为"希望公路"，全长1100千米；努瓦克肖特－罗索公路 203 千米；努瓦克肖特 - 阿克儒特 - 阿塔尔公路 451 千米；阿莱格 - 博盖 - 卡埃迪公路 169 千米；卡埃迪 - 塞利巴比公路 220 千米；提根特 - 梅德尔德拉 52 千米。首都至经济中心的战略性公路努瓦克肖特 - 努瓦迪布公路于 2002 年 7 月开工，2004 年竣工，全长 470 千米。

毛里塔尼亚政府重视依靠外国贷款发展公路建设事业。2003 年 5 月 30 日，毛里塔尼亚同石油输出国组织签署了一项贷款协议，石油输出国组织提供贷款 430 万美元支持毛里塔尼亚南部罗索 - 博盖的公路建设。

2007 年 3 月，毛里塔尼亚与阿拉伯社会经济发展基金会签署了三项贷款协议。贷款协议总金额为 6100 万科威特第纳尔，约合 566.58 亿乌吉亚。该项目的实施将连接毛里塔尼亚北部、中部和东南部的交通，同时使毛里塔尼亚和摩洛哥贯通。

2007 年 8 月，毛里塔尼亚与伊斯兰开发银行签订了关于阿塔尔 - 提吉克贾公路部分贷款协议。该公路连接从阿尔及利亚的廷杜夫至马里的卡伊斯公路中的一段，总长 345 千米。

2010 年 4 月，中国海外工程有限责任公司（简称中海外公司）毛里塔尼亚分公司与毛里塔尼亚政府签订了商业合同。中海外公司计划在毛里塔尼亚阿夫杜地区修建长为 271 千米的公路。此项目共分三段，长度分别为 81 千米、91 千米和 99 千米，公路总造价 8400 万美元。此公路可以改善南方贫困三角区与外界联系困难的状态，尤其是缓解雨季车辆难以进入该区的问题。

2012 年 4 月，毛里塔尼亚交通、运输和装备部计划修建全国第一条高速公路，从首都努瓦克肖特至东南部的布提里米特，全长 150 千米。5 月 4 日，毛里塔尼亚内阁批准了两项公路建设项目的融资协议：一个是建设内马至巴斯克努（Bassiknou）之间的公路项目，由伊斯兰发展银行提供融资；另一个是建设内马经法萨拉（Fassala）至毛里塔尼亚与马里边境的公路项目，公路全长 264 千米，项目贷款金额 2 亿美元。以上公路项目的建设将改善毛里塔尼亚东南部地区的交通状况。

2012 年，毛里塔尼亚政府制订了《2012～2016 年度优先行动计划》，并在此框架下制定了《交通运输规划》，用以指导道路基础设施建设。从 2009 年至 2016 年，政府投入自有资金 2560 亿乌吉亚用于道路基础设施建设。截至 2017 年，毛里塔尼亚拥有 1.4 万千米的道路，其中 5500 千米为柏油公路，另有约 1100 千米的公路在建项目。政府成立了公共运输公司来支持公共交通，以方便社会中弱势群体的交通出行；免除了小巴税费，以增加私人运输公司的数量，一方面鼓励私人投资交通运输领域，另一方面为城市间的交通运输提供便利。近年来，城市间的交通运输因此得到了极大的改善。[①]

由于公路的普及，车辆也日益增多（见表 4 - 14）。

表 4 - 14　毛里塔尼亚各省登记车辆数据

单位：辆

省＼年份	2010	2011	2012	2013	2014	2015	2016
努瓦克肖特	8258	9125	8243	9145	4050	3515	2490
东胡德省	39	31	94	166	145	115	143
西胡德省	127	234	158	406	150	239	210
阿萨巴省	152	184	365	262	530	444	245
戈尔戈勒省	73	43	116	179	150	80	98
卜拉克纳省	34	38	216	129	199	105	97
特拉扎省	334	492	854	334	676	499	634
阿德拉尔省	204	269	759	882	523	511	561
达赫莱特 - 努瓦迪布省	763	489	727	1005	536	550	699
塔甘特省	53	90	133	225	110	107	93
吉迪马卡省	25	28	46	154	54	29	36
提提斯 - 宰穆尔省	39	34	62	111	53	77	73
因希里省	270	283	581	595	361	274	293
总计	10371	11340	12354	13593	7537	6545	5672

数据来源：毛里塔尼亚国家统计局网站，http：//www. ons. mr。

（二）空运

毛里塔尼亚航空公司（Air Mauritanie）成立于 1962 年，基地设在努瓦克肖特，提供国内、国际航班服务。股东包括非洲航空公司（20%）、

---

① 内容整理自《毛里塔尼亚前任装备与运输部部长拉乌夫："毛里塔尼亚在兴建国家基础设施的路上"》，网易新闻，http：//money. 163. com/17/0831/05/CT55JPJ7002580S6. html。

法国航空公司（20%）和毛里塔尼亚政府（60%）。西班牙航空公司和摩洛哥皇家航空公司也参与经营。2000 年 6 月，毛里塔尼亚航空公司实现私有化，政府将所持股份的 64.46% 以 200 万美元的价格出售给非航牵头的财团。但是种种原因使毛里塔尼亚航空公司陷入沉重的债务负担中。2007 年 10 月，该航空公司停止营业并被清算，毛里塔尼亚与突尼斯航空公司（Tunisair）建立了一家新的毛里塔尼亚航空公司（Mauritania Airways）。新公司由突尼斯航空公司持股 51%，毛里塔尼亚商人穆罕默德·乌尔德·布阿马图（Mohamed Ould Bouamatou）持股 39%，毛里塔尼亚政府持股 10%。

2010 年 11 月，该公司被欧盟委员会禁止在欧洲领空飞行，从而丧失了其通往法国巴黎奥利机场和西班牙大加那利机场的航线。2010 年 12 月 23 日，毛里塔尼亚航空公司宣布停止运营。随后，毛里塔尼亚又成立了一家新的航空公司——毛里塔尼亚国际航空公司（Mauritania Airlines International），新公司于 2011 年开始运营，陆续开通了到马里首都巴马科、塞内加尔首都达喀尔的航线。

2012 年 4 月，毛里塔尼亚国际航空公司被欧盟航空安全委员会列入欧洲禁用航空承运人名单。12 月，欧盟航空安全委员会从其黑名单中剔除了毛里塔尼亚国际航空公司，这意味着欧盟取消了对毛里塔尼亚禁止开通飞欧洲航线的限制。毛里塔尼亚民航数据见表 4 – 15。

表 4 – 15　毛里塔尼亚民航数据

年份	2007	2008	2009	2010	2011	2012
飞行里程（百万公里）	1	1	1	1	1	1
客运量（1000 人）	155	154	142	114	118	296
客运周转量（百万人/公里）	68	68	64	/	/	/

资料来源：联合国统计年鉴。转引自 *Africa South of the Sahara 2016*，edited by Europa Publications，Routledge，2015，p. 807。

2012 年 4 月 26 日，毛里塔尼亚开通首都努瓦克肖特至西班牙首都马德里的新航线。本条航线由西班牙伊比利亚航空公司（Iberia）运行，机型为空客 A321，可承运 200 名乘客，中途在西班牙加那利群岛停留。每周一和周五各有一趟航班，马德里当地时间 20∶35 分起飞，努瓦克肖特当地时间 00∶10 分到达。

从 2012 年 9 月 16 日起，土耳其国家航空公司（Turkish Airlines）增开伊斯坦布尔至毛里塔尼亚首都努瓦克肖特的航线。这是土耳其国家航空公司在非洲开设的第 24 条航线，每周三班，使用机型为波音 737 - 800。航班飞行时间分别是：周二、周四和周日 18∶40 分从伊斯坦布尔起飞，22∶45 分到达努瓦克肖特；当日 23∶35 分从努瓦克肖特起飞，次日 3∶40 分到达伊斯坦布尔，中途需要在达喀尔中转停留约 50 分钟。

毛里塔尼亚共有 27 座机场，努瓦克肖特机场和努瓦迪布机场为国际机场。毛里塔尼亚国内机场航班主要在努瓦克肖特、努瓦迪布、罗索、基法和其他主要城市之间通航。

目前，毛里塔尼亚的国内航线有：努瓦克肖特 - 努瓦迪布；努瓦克肖特 - 祖埃拉特。国际航线有：努瓦克肖特 - 巴黎、阿比让、巴马科、达喀尔、拉斯帕尔马斯（西班牙）、卡萨布兰卡、阿尔及尔、突尼斯等航线。主要机场是努瓦克肖特机场，年客流量近 20 万人次，货物吞吐量为 3461 吨。

新的努瓦克肖特国际机场于 2016 年 6 月 23 日投入使用，该机场每年能运送旅客 200 万人次，可供任何机型、任何载重量的商业飞机起降使用。这是毛里塔尼亚政府随着国家对原油及贵金属矿的开采利用、其他矿产资源产量大幅增加、国家经济将实现大发展的背景下为满足经济和社会对机场需求的不断增长迈出的必要一步，将加强毛里塔尼亚作为阿拉伯国家、撒哈拉以南非洲国家与欧洲部分国家间中转站的地位。

在 2012 ~ 2016 年五年规划框架下，毛里塔尼亚航空公司 2016 年采购了一架新的波音 737 - 800 飞机，并计划在 2017 年购置第二架 737 - 800 飞机。在萨赫勒五国集团框架内，为了方便成员国之间的交流，毛里塔尼亚将在 2017 年底前成立萨赫勒航空公司（Air Sahel），以便利成员国之间的空中联系。2016 年 11 月，非洲航空公司协会（AFRAA）向毛里塔尼亚授予荣誉称号，对其在航空领域所做的努力表示认可。

中国飞往毛里塔尼亚的主要航线有：北京－巴黎－努瓦克肖特；北京－迪拜－卡萨布兰卡－努瓦克肖特；北京－阿尔及尔－努瓦克肖特；北京－多哈－达喀尔－努瓦克肖特；北京－伊斯坦布尔－努瓦克肖特。

（三）海运

毛里塔尼亚 2011 年港口年吞吐量已达 1670 万吨，其中努瓦克肖特友谊港吞吐量为 350 万吨，努瓦迪布港 120 万吨，国家工矿公司矿石码头 1200 万吨。有两家公司承担海运业务，分别是马士基（MAERSK）和寿格高（SOGEGO）。①

毛里塔尼亚有努瓦克肖特和努瓦迪布两个港口城市。努瓦克肖特有瓦尔夫港（Wharf）老港和友谊港新港。老港于 1963～1966 年由欧洲发展基金、法国援助与合作基金及毛里塔尼亚政府共同出资 7 亿西非法郎建造，实际吞吐量最高达 32 万吨。目前老港为工业专用港，主要输送煤气、天然气和石油产品。港口设备陈旧。

友谊港系深水港，由中国援建。1974 年，中毛两国政府签署援建协定，1979 年 4 月 10 日开始动工兴建，1986 年 9 月 17 日竣工，1988 年开始运营。

友谊港占地 4500 公顷，码头长 585 米，宽 45.6 米；航道宽 150 米，吃水深度 10 米；引桥长 732.5 米，宽 13.5 米；防波堤长 610 米。友谊港配有两台 10 吨门吊，两艘 900 匹马力的拖轮，一个特高频测波站，四个修配车间，7908 平方米的仓库，45682 平方米的露天货场等设施。设计年吞吐量为 90 万吨，实际吞吐量至 2001 年已过百万吨，2010 年吞吐量接近 300 万吨。由于吞吐量大幅增加，友谊港泊位严重不足。2010 年，中国路桥公司承建友谊港 4、5 号泊位建设工程，项目于 2014 年 7 月竣工。扩建后，友谊港年吞吐量超过 400 万吨（见表 4－16）。

---

① 数据来源于中华人民共和国商务部编《对外投资合作国别（地区）指南——毛里塔尼亚（2017 年）》，第 21 页。

表 4 – 16 友谊港国际货运数据

单位：千吨

年份	2010	2011	2012	2013	2014	2015	2016
卸货量	2495	2506	3173	3008	3578	3387	3245
装货量	278	348	373	387	377	450	431

数据来源：毛里塔尼亚国家统计局网站，http：//www.ons.mr。

努瓦迪布有渔港、商业港和铁矿石出口专用港。渔港有两个分别长290米和298米的码头。商业港有两个分别长128米和110米的码头。铁矿石港可停靠15万~20万吨级货轮，2010年货运量1111万吨。毛里塔尼亚船舶数据见表4–17。

表 4 – 17 毛里塔尼亚船舶数据

年份	2012	2013	2014
船只数量（艘）	70	71	72
总排水量（千吨位）	25.8	26.0	26.2

资料来源：劳氏情报（Lloyd's List Intelligence）。转引自 "Africa South of the Sahara 2016"，edited by Europa Publications，Routledge，2015，p.806。

首都以南200公里的罗索市与塞内加尔仅有一河之隔，河宽约700米，有一个轮渡码头，运输人员和车辆等往来对岸。2014年8月，塞内加尔总统马基·萨勒表示，为了便利塞内加尔与毛里塔尼亚之间的交通往来，塞内加尔与毛里塔尼亚已协商在毛里塔尼亚边境口岸罗索修建跨河过境大桥。目前，从毛里塔尼亚的罗索口岸到塞内加尔是通过摆渡方式过境，效率低，且存在安全隐患，若能修建跨河大桥，将极大地方便过往车辆及行人。

（四）铁路

毛里塔尼亚唯一的一条铁路是祖埃拉特至努瓦迪布的铁路，承担将提里斯－宰穆尔省矿区的铁矿石运往努瓦迪布港口的任务。该铁路始建于20世纪50年代，1963年正式投入使用，每节车厢有效荷载为80吨，多达 180～210 节，堪称世界最长列车，最高时速 50 千米，每日运行两次。铁路线全长 853 千米。该铁路主要用于铁矿石运输，年铁矿石运输量达 1400 万吨。为了方便内陆地区人们的出行，有时会挂几节客运车厢。每年运输 5 万名旅客和 400 头骆驼。这条铁路也是毛里塔尼亚独特的风景之一。

2010 年 6 月在布鲁塞尔召开的援助者圆桌会议上，毛里塔尼亚介绍了中期铁路项目规划，这是萨赫勒五国集团之间铁路网规划的一部分，中期规划的铁路始于毛里塔尼亚与西撒哈拉边境的舒姆，经过毛里塔尼亚首都努瓦克肖特，最后直达马里边境城市卡伊，铁路总长 1290 千米，总造价为 13.8 亿美元。至 2017 年，此项目已完成制度建设，政府制定了支持 PPP 模式的法律框架。目前正在寻找合作者。萨赫勒五国集团之间的铁路网规划，包括建设尼日利亚连接摩洛哥、阿尔及利亚、毛里塔尼亚，最后到达尼日利亚的铁路。

二 电力产业

毛里塔尼亚电力供应远远不能满足国内需求。城市地区通电率为 50% 左右，农村地区仅为 3%。电力电源结构以柴油发电和水电为主。

毛里塔尼亚的电力生产集中在首都等大城市，毛里塔尼亚石油、矿业、能源部是制定国家电力发展规划和主管大型电力项目建设的职能部门。根据该部的电力发展规划，2015 年，毛里塔尼亚电网城市覆盖率要达到 80%，乡村电网覆盖率达到 40%，但该规划最终未能实现。

毛里塔尼亚电力公司（SOMELEC）成立于 2001 年，是 100% 国家控股的企业，其经营活动主要是保证全国电力生产、输送、分配和交易。该公司主要是利用柴油发电。两个最重要的发电中心是努瓦克肖特阿拉法特（Arafat）区的 42 兆瓦（6×7MW）发电机组和努瓦迪布 22 兆瓦（4×5.5MW）发电机组。努瓦迪布的 22 兆瓦发电机组正在进行扩建工程。全国共有 45 个发电中心，总发电能力 108.5 兆瓦。2010 年，毛里塔尼亚总发电量为 3.14 亿度（314GWh），占全部供电量 5.16 亿度（516GWh）的 61%。为弥补电力供应不足，公司从塞内加尔河开发组织（OMVS）马南塔里水电站获得 1.16 亿度电，占该电站分配用电的 22%；此外，还从独立供应商阿格瑞科（Aggreko）公司购买了 7800 万度电。2010 年，毛里塔尼亚电力公司在全国 46 个城镇拥有 13.4327 万个用户，当年公司营业额为 236 亿乌吉亚（约 8000 万美元），有职工 1780 人。

2013 年 5 月 21 日，毛里塔尼亚国家电力公司、加拿大金罗斯金公司、毛里塔尼亚国家工矿公司的代表在努瓦迪布签署协议，确定了三方在 2012 年 10 月成立的毛里塔尼亚天然气电力公司中的持股比例。根据协议，上述三家公司的持股比例分别是 40%、34% 和 26%。毛里塔尼亚天然气电力公司计划用班达（Banda）气田的天然气发电，第一期发电能力为 350 兆瓦，第二期为 700 兆瓦。全部投产后，除能满足当地需求外，还可以向周边国家，尤其是塞内加尔出口电能。毛里塔尼亚 2010～2016 年的供电量见表 4-18。

表 4-18 主要城市供电量数据

单位：千瓦时

地区 \ 年份	2010	2011	2012	2013	2014	2015	2016
努瓦克肖特	396769	386083	435722	467118	489233	534779	607457
努瓦迪布	66113	63905	69030	81919	89984	94263	110698
其他城市	65026	74700	81502	92523	108130	120443	144179
总供电量	527908	524688	586254	641560	687347	749485	862334

数据来源：毛里塔尼亚国家统计局网站，http://www.ons.mr。

毛里塔尼亚唯一的高压输电线路位于首都努瓦克肖特以及南部靠近塞内加尔河的城市罗索、卡埃迪、博盖，该高压线路属于塞内加尔河流域开发组织联网线路，由 933 千米 225 千伏和 187 千米 90 千伏的线路组成。毛里塔尼亚自有电网约 2700 千米，分不同的电压，基本是 15～33 千伏高压和 400 伏特的中、低电压输电线。由于地域广阔、城镇之间相距遥远、电力需求少等，各发电站之间没有联网。

毛里塔尼亚电力公司面临的第一个挑战是政府对电力生产和输送基础设施投资的巨大滞后。20 世纪 90 年代末建设的基础设施到现在已经出现设备陈旧、过度使用的状况。面对每年 10% 的电力增长需求，2009 年前，毛里塔尼亚多处经常出现停电和电力失常的现象。2010 年，阿拉法特第二期项目（Arafat I I）新建的 10.5 兆瓦发电中心投入使用，提高了供电能力，并使首都供电状况得到改善。

第二个挑战是占发电成本 81% 的柴油热电燃气价格持续上涨，造成公司经营亏损。毛里塔尼亚绝大多数用户购买力不足，只能靠政府补贴来承担这部分损失，因此，毛里塔尼亚电价难以真实反映它的实际成本。2009 年，毛里塔尼亚还降低了 15% 的电价。与此同时，政府致力于开发本国天然气资源，并建立国家电网以减少外来因素对成本的影响，提高电力接入率。

毛里塔尼亚政府支持电力行业的发展，出台了相关政策。电网建设、能源开发等都在实施，目标是尽量以最低的价格推广质量高、具有安全性的电力。2012 年，毛里塔尼亚启动了两个较有影响的电力项目：一个是 15 兆瓦的太阳能发电站；另一个是 120 兆瓦的重油、燃气发电站。120 兆瓦电站的建设，可使毛里塔尼亚电力公司的热电发电能力比现有水平提高 1 倍，与其他发电形式结合，可保证满足努瓦克肖特中短期的需求。为了与之配套，毛里塔尼亚还拟建造一个电力控制中心，以远程管理国家的电网。15 兆瓦太阳能发电项目由阿联酋援建，建设资金约 3100 万美元，已于 2013 年 3 月建成。此外，2012 年，毛里塔尼亚启动了首都 30～40 兆瓦风力发电项目的招标资格预审；首都努瓦克肖特 - 努瓦迪布的高压输变线项目的建设资金也基本到位，于 2017 年启动。毛里塔尼亚国家电力公司正在根据企业发展规划加大电力投资，新建、扩建和改建电力设施和输电网，力争满足全国的电力需求。

目前，毛里塔尼亚全国共有 27 个柴油发电厂，装机容量 93800 千瓦，产能为 487 亿瓦时。

2017 年 11 月 20 日，毛里塔尼亚国会批准了努瓦克肖特 - 祖埃拉特 225 千伏电网项目，该项目由毛里塔尼亚政府与阿拉伯经济社会发展基金（FADES）于 2017 年 7 月 10 日签署贷款协议，贷款总金额约为 1.36 亿美元，30 年还款期，7 年宽限期，贷款利率 2%。此外，阿拉伯经济社会发展基金还为该项目提供 56 万美元的无偿援助，使该笔贷款优惠度达到国际货币基金组织规定的标准。

三 邮电通信业①

（一）邮政

毛里塔尼亚邮政公司（国营）成立于 1999 年 12 月 29 日，前身是邮政和电信局中的邮政部分，主要职能是邮政服务、资金汇兑、公共储蓄等。公司旗下有一家快递公司、一家储蓄银行，在全国各地都设有网点。目前，毛里塔尼亚共有 7 家从事邮政业务的运营商：毛里塔尼亚邮政公司、UPS、DHL、TNT、SAGA 快递、毛里塔尼亚 GLOBEX 公司、毛里塔尼亚 SDV 公司。

（二）电话

2015 年毛里塔尼亚电话用户达 369.42 万，其中固定电话 5.1294 万户，移动电话有 364.29 万户（见表 4-19）。毛里塔尼亚有三家电话公司：毛里通信（Mauritel）、迈特通信（Mattel）和欣盖通信（Chinguitel）。

毛里通信公司成立于 2001 年 4 月，其前身是邮政和电信局中的电信部分。公司兼营固话和移动电话业务，包括 ADSL、GSM 和 3G 业务。注册资本为 106 亿乌吉亚，其中摩洛哥电信持股 51%，毛里塔尼亚政府持股 46%，公司员工持股 3%。

迈特通信公司是毛里塔尼亚第一家移动电话服务商，成立于 2000 年 5 月，注册资本为 12.5 亿乌吉亚，由突尼斯电信与毛里塔尼亚一家私营公司合资。经营移动通信业务，主要是 GSM、3G 业务。

欣盖通信公司是毛里塔尼亚第一家 3G 移动电话服务商，主要经营 CDMA、Wimax 数据、GSM 和 3G 业务。公司成立于 2006 年 8 月，由苏丹电信和毛里塔尼亚一家私营公司合办，注册资本为 2500 万美元，苏丹电信占股份 85%，毛里塔尼亚私营公司占股 15%。

---

① 除特别标注外，其余资料数据来源于中华人民共和国商务部编《对外投资合作国别（地区）指南——毛里塔尼亚（2017 年）》，第 23 页。

表 4 - 19　毛里塔尼亚电话用户数量

单位：人

年份	2009	2010	2011	2012	2013	2014	2015
总用户量	2256554	2847622	3355930	4088815	4042188	3804762	3694213
固定电话	74305	71572	72294	65069	53993	51432	51294
移动电话	2182249	2776050	3283636	4023746	3988195	3753330	3642919
毛里通信公司	1418681	1576016	1747730	2013110	2210123	2110867	/
迈特通信公司	416150	737743	807548	899484	535469	603185	/
欣盖通信公司	347418	462291	728358	1111152	1242603	1039278	/

数据来源：毛里塔尼亚国家统计局网站，http：//www.ons.mr。

（三）互联网

毛里塔尼亚从 1997 年 8 月开始铺设互联网。2005 年 12 月开展 ADSL 宽带互联网连接。目前的宽带接入速率在 64K 到 4M 之间，但由于电话线路老化，大部分地区速率较低。部分地区也可通过无线和 3G 上网。2015 年，全国互联网用户有 118.37 万人（见表 4 - 20）。

表 4 - 20　2011 ~ 2015 年互联网用户数据

单位：人

年份	2011	2012	2013	2014	2015
互联网用户	180657	138524	625278	780427	1183748

数据来源：毛里塔尼亚国家统计局网站，http：//www.ons.mr。

毛里塔尼亚目前比较有影响力的网站是 CRIDEM 网站。网址为：www.cridem.org。

四　水利建设

毛里塔尼亚地处非洲萨赫勒地区，受沙漠气候影响，雨量异常稀少且分布不匀，常年受旱灾的侵扰。长期缺水不但制约着农业、畜牧业的发展，饮用水供应也处于相当窘迫的境地。有鉴于此，政府提出了人人享有饮用水及污水得到治理的目标，并制定了一项庞大的水利基础设施建设规划。在这方面已取得的成果有：3000 个水源点、332 个供水网、1000 个人力泵水井及 1668 个水泥井，但是，缺水状况依然十分严重。据官方报道，毛里塔尼亚达标的饮用水普及率仅在 43% 左右，生活在农村地区的居民有 53% 的人得不到达标饮用水的供应，污水治理情况也非常糟糕。

2000 年，毛里塔尼亚推出抗贫战略，其中把解决饮用水和污水治理置于突出的地位。发展目标是：加大水管网密集化建设，城市区域连接率要达到 80%，城市居民人日均 70 升水，农村居民人日均 20～40 升水，500 人以上的乡村建设水管网，150 人以上的乡村配备现代化水供应点。毛里塔尼亚还制定了利用塞内加尔河水源的南水北调工程项目，这个项目主要解决首都供水问题。

与此同时，其他项目有：扩建现有的管网系统、新建 400 个供水网以及在城区和半城区修建 1200 个具备污水处理功能的现代化水源点。据毛里塔尼亚官方估计，实现人人有水及污水处理的发展规划总投资金额将达到 3040 亿乌吉亚，约合 10 亿美元。

截至 2014 年，毛里塔尼亚共有 72 个水务公共服务代表处，分布在全国 8 个地区，水产量约 3513 万吨，可服务约 13 万人口（见表 4 - 21）。将塞内加尔河河水引入努瓦克肖特的阿夫杜特 - 埃萨赫利工程（Aftout Essahli），又称"南水北调"工程，2014 年完工，首都努瓦克肖特的蓄水能力大大提高，每日可达 10 万吨。市区管网铺设工程也在建设中。农村水利方面，政府计划在多个省份推出 390 个村庄供水项目。水处理方面，政府正在制定并落实努瓦克肖特、努瓦迪布、罗索、卡埃迪、基法和阿克儒特等市的水处理指导方案。

2017 年 7 月 10 日，阿拉伯经济社会发展基金会与毛里塔尼亚政府签署贷款协议，为毛里塔尼亚阿云（Aioun）、提吉杰尼（Djiguenni）地区供水项目提供资金，贷款总金额约 4916 万美元，还款期 30 年，宽限期 7 年，贷款利率 2%。此外，阿拉伯经济社会发展基金还为该项目提供 21 万美元的无偿援助。

表 4 – 21   主要城市供水量

单位：千立方米

年份	2010	2011	2012	2013	2014	2015	2016
努瓦克肖特	21054	31134	32921	33692	35958	37679	40210
努瓦迪布	4316	4689	4587	4786	5313	6248	5972
其他城市	5404	6900	7608	8883	8503	13142	13849
总供水量	30774	42723	45116	47361	49774	57068	60031

数据来源：毛里塔尼亚国家统计局网站，http://www.ons.mr。

五　旅　游　业

毛里塔尼亚主要的旅游景点是历史古城、野生动物保护区和国家公园。瓦丹古城、欣盖提古城、提希特古城、瓦拉塔古城、阿尔金海滩国家公园等是著名世界文化遗产。运输铁矿石至努瓦迪布港口的火车被称为全世界最长的火车，也成为毛里塔尼亚独特的旅游景点之一。

毛里塔尼亚 1984 年开始开发旅游业，但由于资金不足，交通不便，设施简陋，缺乏管理等，旅游业发展缓慢。据不完全统计，1994 年，毛里塔尼亚全国共有 21 家旅馆，156 名职工，1120 张床位，年接待旅客 2 万人次。1993～1994 年，旅游业收入仅有 9 亿乌吉亚。近些年，由于政府提倡和支持，旅游业进步很大，基础设施有了长足发展，新建了一批大小不等的餐厅和旅馆。2001～2002 年旅游旺季里，仅毛里塔尼亚旅行社就接待了 74 架包机的 11000 名游客。旅游业投资占投资总额的比率由 1996 年的 2% 上升为 1999 年的 20%。2007～2008 年，毛里塔尼亚接待了约 29000 人次的游客，旅游业收入 3900 万美元。

为推动旅游业的发展，吸引外国旅游者和国内度假者到沙漠旅游，毛里塔尼亚旅游联合会和政府相关部门于 2015 年 1 月举办了欣盖提游牧旅游节。此次活动丰富多彩，有传统的骆驼比赛，获奖选手受到总统颁奖。各国驻毛里塔尼亚的外交官由毛里塔尼亚外交与合作部组织参观欣盖提圣城清真寺和古老的博物馆，各种手工艺制品琳琅满目，做工精美。游人和与会人员不时驻足欣赏并购买，文化节活动持续了一周。

第五节 对外经贸关系

一 对外贸易概况

毛里塔尼亚与塞内加尔、摩洛哥、阿尔及利亚、马里等国接壤。除马里（内陆国）以外，其余邻国都有出海口，因此毛里塔尼亚的市场辐射能力有限。毛里塔尼亚 1995 年加入世界贸易组织，2002 年与世界贸易组织签订关税协议。毛里塔尼亚是阿拉伯马格里布联盟（AMU）、塞内加尔河开发组织（OMVS）和萨赫勒旱灾国际抗旱委员会（CILSS）成员国，也是科托努协定签约国。根据 2005 年欧盟与非加太国家签署的《科托努修改协定》，毛里塔尼亚可以享受该协定规定的经济和贸易方面的优惠待遇。2018 年 3 月 21 日，包括毛里塔尼亚在内的 44 个非洲国家在卢旺达首都基加利签署成立非洲大陆自由贸易区的协定。协议草案承诺各国将消除 90% 商品的关税，剩余 10% 敏感商品的关税也将在此后逐渐取消。加入这一自贸区协定对于毛里塔尼亚的对外贸易发展将大有益处。

毛里塔尼亚出口的主要产品是铁矿石、石油和鱼产品。铁矿石主要出口中国，鱼产品主要出口西班牙、日本、尼日利亚等国。主要进口商品是能源与矿产品、食品与农产品、机械设备和消费品等。毛里塔尼亚所需生产和生活物资 80% 以上靠进口，其中 32% 为粮食，25% 为机械设备，9% 为汽车，其余为化工、建材、石油产品、轻纺用品等。毛里塔尼亚的主要贸易伙伴是中国、法国、意大利、荷兰、日本、比利时等（见表 4-22~表 4-25）。[①]

毛里塔尼亚吸引的外国投资规模不大，主要分布在矿业资源和油气勘探、开发领域。法国道达尔公司、澳大利亚伍德赛德公司、马来西亚国家石油公司（Petronas）等均在毛里塔尼亚开展业务。目前，仅有澳大利亚伍德赛德公司转让给马来西亚国家石油公司的欣盖提油田在产油，产量

---

① 摘自中华人民共和国商务部编《对外投资合作国别（地区）指南——毛里塔尼亚（2017 年）》，第 25 页。

表 4 - 22　主要进口商品金额

单位：百万乌吉亚

商品 \ 年份	2010	2011	2012	2013	2014	2015	2016
石油产品	125956	192484	234638	241331	226767	165655	146125
食品	86542	92818	126531	125282	124722	142714	128019
资本货物	134825	224826	247948	579116	476866	671301	280872
建筑材料	38755	64886	67049	70723	75808	74731	57935
汽车、零配件	37801	48671	74010	70687	62586	34918	38548
香烟、烟草	5658	7112	7869	6829	7866	8149	8030
服装和面料	7751	11076	12711	13192	16665	14247	21354
化工产品	10168	11822	26070	29451	24510	20126	19059
其他	26643	35977	84929	61369	84106	49548	47338
总计	474099	689672	881755	1197980	1099897	1181389	747280

数据来源：毛里塔尼亚国家统计局网站，http：//www. ons. mr。

表 4 - 23　主要进口来源国贸易金额

单位：百万乌吉亚

国家 \ 年份	2010	2011	2012	2013	2014	2015	2016
阿联酋	57413	178378	206832	226564	203845	135449	88820
法国	66854	84471	98600	116784	109652	53094	49415
比利时	46933	96497	137628	115347	69978	74621	68424
美国	17573	20828	43171	67878	261230	224752	100411
中国	32215	36075	48564	46993	67863	58018	66655
西班牙	22351	28977	48154	45323	54206	39279	28578
德国	12895	18471	27136	36774	16818	11813	16319
摩洛哥	10981	15145	26566	26309	38001	356159	47154
土耳其	6426	10650	28698	22697	19884	27671	16951
巴西	13145	9783	18078	15856	9734	19722	11341
日本	12561	13177	19233	15854	23143	15611	22008
意大利	5242	2406	6396	12818	8899	7668	20501

续表

国家 \ 年份	2010	2011	2012	2013	2014	2015	2016
荷 兰	50388	18844	15316	12677	21107	16900	52872
塞内加尔	11642	15694	12918	10728	8558	5756	5203
英 国	5249	41382	5147	8757	19482	7103	7994
瑞 士	4283	13097	7053	8389	13083	3086	1636
澳大利亚	2354	13032	6794	7953	6414	2683	4747
巴基斯坦	608	754	4036	7935	8940	6217	2474
南 非	4094	7001	8388	7897	6689	4796	2786
马来西亚	6834	7305	9534	7048	3866	2613	5451
新 加 坡	21795	2364	3747	6757	9027	7812	8686
突 尼 斯	2361	3006	2439	6627	4575	3826	3041
葡 萄 牙	1553	2212	8528	5234	2861	1267	1115
俄 罗 斯	8397	4633	800	4573	11416	12440	8000
其他国家	49952	45488	87998	354209	100629	83035	106698
总 计	474099	689670	881754	1197981	1099900	1181391	747280

数据来源：毛里塔尼亚国家统计局网站，http：//www. ons. mr。

表 4 – 24　主要出口商品金额

单位：百万乌吉亚

产品 \ 年份	2010	2011	2012	2013	2014	2015	2016
铁矿石	247063	393122	299733	382412	258001	130450	167654
黄 金	67108	92943	94100	106318	97303	86744	78017
铜	33690	50393	92553	91448	65400	87478	68298
石 油	72678	30218	80424	65334	47693	23358	20423
鱼产品	91596	121900	182692	139686	203861	205960	241922
其 他	40281	2467	28307	22082	21709	2376	2550
总 计	552415	691043	777809	807280	693966	536365	578864

数据来源：毛里塔尼亚国家统计局网站，http：//www. ons. mr。

表 4 - 25   主要出口国贸易金额

单位：百万乌吉亚

年份\国家	2010	2011	2012	2013	2014	2015	2016
中　　国	141054	255284	342633	374433	211579	169792	206442
日　　本	34222	35783	69576	31561	26832	30058	42147
德　　国	31080	42547	34827	36939	32534	22786	18765
比 利 时	9967	31178	11064	129	0	0	27
西 班 牙	36257	47295	39610	20767	42747	49602	49669
法　　国	39404	58670	36389	26092	16518	10949	9512
希　　腊	1188	1883	1284	1656	0	1430	1508
意 大 利	31674	69237	54036	47676	30100	29238	23016
英　　国	534	349	1948	2484	115	215	580
俄 罗 斯	8914	7454	8500	13153	17219	11544	26946
科特迪瓦	1233	5153	5178	11700	29224	9323	18657
埃　　及	718	561	673	163	846	489	507
摩 洛 哥	414	280	156	49	266	59	133
尼日利亚	1594	1510	10721	10139	/	26704	23142
塞内加尔	234	340	331	787	670	726	929
突 尼 斯	163	101	98	174	382	956	832

注：不包括石油产品出口数据。

数据来源：毛里塔尼亚国家统计局网站，http：//www.ons.mr。

约为 7000 桶/日。毛里塔尼亚政府欢迎外国投资，尤其鼓励外商在私营领域投资。2014 年 1 月 26 日，在毛里塔尼亚第一届投资论坛上，毛里塔尼亚政府、免税区及央行同沙特政府及阿拉伯货币基金组织等外国金融机构签署多项贷款与投资协议。

据联合国贸发会议发布的 2017 年《世界投资报告》显示，2016 年，毛里塔尼亚吸收外资流量为 2.7 亿美元；截至 2016 年底，毛里塔尼亚吸收外资存量为 67.5 亿美元。[1]

----

[1]　摘自中华人民共和国商务部编《对外投资合作国别（地区）指南——毛里塔尼亚（2017 年）》，第 26 页。

二　2016 年和 2017 年外贸情况①

2016 年，毛里塔尼亚货物进出口总值为 13261.4 亿乌吉亚，其中进口总额为 7472.8 亿乌吉亚，出口总额为 5788.6 亿乌吉亚。主要出口目的地是欧洲和亚洲，中国是其最大的商品出口国，占比 36%。主要进口来源地是欧洲（41%）、亚洲（17%）和美洲（15%），美国、阿联酋、中国和比利时是其主要的进口来源国。

从出口贸易来看，2016 年，鱼产品和铁矿石仍然是毛里塔尼亚主要的出口产品，分别占比 41.8% 和 29%。鱼产品出口总值达 2419.2 亿乌吉亚，比 2015 年（下同）增长了 17%；出口量为 71.6 万吨，同比增长 13%。铁矿石出口总值达 1676.5 亿乌吉亚，同比增长 28.5%；出口量为 1270 万吨，同比增长 11.9%。中国是毛里塔尼亚最大的铁矿石出口国，占其出口总值的 75%，出口总量的 78%。除铁矿石外，毛里塔尼亚还出口黄金、铜、石油等矿产品，黄金主要出口到瑞士，2016 年出口额为 780.2 亿乌吉亚，比上一年度下降了 10%；铜主要出口到中国，2016 年出口额为 683 亿乌吉亚，同比下降了 22%；石油出口额约在 204.2 亿乌吉亚，同比下降了 13%。

从进口贸易来看，2016 年进口贸易总额同比下降了 37%，主要是由于资本货物（-58%）和建筑材料（-22%）进口大幅减少。主要进口商品是资本货物（38%）、石油产品（20%）、食品（17%）、建筑材料（8%）和车辆及零部件（5%）。资本货物进口总值 2808.7 亿乌吉亚，主要包括核反应堆材料、锅炉、机器、仪器、机械用具以及相关零部件等，主要进口来源地是美国（30%）、比利时（15%）和瓦努阿图（13%）。石油产品进口总值为 1461.3 亿乌吉亚，比上一年度下降了 12%，主要进口来源国是阿联酋（55%）和荷兰（27%）。食品进口总额为 1280.2 亿乌吉亚，同比下降 10%，其中粮食（主要包括小麦和大米）占比 31%，牛奶和奶制品占比 17%，动植物油脂占比 12%，糖类占比 10%。法国是

---

① 数据来源于毛里塔尼亚国家统计局网站，www.ons.mr。

毛里塔尼亚最大的食品进口国，占比14%。建筑材料进口额为579.4亿乌吉亚，同比下降22%，主要包括钢铁、水泥等，进口来源国主要是中国（25%）、土耳其（16%）和摩洛哥（15%）。

2017年毛里塔尼亚进出口总额37.4亿美元，其中出口16亿美元，进口21.4亿美元。

三 中毛贸易

中国与毛里塔尼亚两国的直接贸易开始于1964年，两国建交后贸易关系顺利发展。毛里塔尼亚与中国签署的双边经贸协定有：1984年，关于成立经济贸易混合委员会的协议；1991年8月，关于渔业合作的协定；2000年4月，关于贸易、经济技术合作的协定；2006年12月，《毛里塔尼亚承认中国市场经济地位谅解备忘录》和《中国政府给予毛里塔尼亚政府特别优惠关税待遇的换文》。

1991年中毛两国贸易额达到了861万美元，全部为中国出口。1994年上升为1261.9万美元。1999年，两国的贸易额为2264万美元，其中中国向毛里塔尼亚出口1779万美元，从毛里塔尼亚进口485万美元。2000年，中毛贸易额达到2962万美元，其中中国向毛里塔尼亚出口2468万美元，从毛里塔尼亚进口494万美元，比上年均有较大幅度的增长。2001年，中毛贸易额为3400万美元，其中中国出口为3000万美元，从毛里塔尼亚进口400万美元。2002年，中毛贸易额已达6800万美元。

中毛两国贸易的特点是中国对毛里塔尼亚出口多，毛里塔尼亚对中国出口少，形成中国贸易顺差。2004年，中国开始从毛里塔尼亚进口铁矿石，双边贸易额首次突破1亿美元。自2006年起，中国又开始从毛里塔尼亚进口石油，双边贸易额大幅增长，中国也由常年顺差转为巨额逆差。

根据中国海关统计，2008年，中国与毛里塔尼亚双边贸易总额为12.34亿美元，较2007年增长41.03%。中国从毛里塔尼亚进口10.50亿美元，比2007年大幅提高84.39%，对毛里塔尼亚出口1.85亿美元，比

2007 年增加 34%。

2008 年，中国从毛里塔尼亚进口的产品数额猛增，但结构没有变化，依旧为毛里塔尼亚传统资源类产品——铁矿石、铜矿砂等。

铁矿石、铜等是中国从毛里塔尼亚进口的主要商品，毛里塔尼亚是中国在非洲主要的铁矿石供应国。由于铁矿石国际市场价格保持在高位，致使中国从毛里塔尼亚进口金额大幅增加。

渔业是中国同毛里塔尼亚重要的合作领域，始于 1991 年，合作形式主要是企业间的合资经营方式。当地企业提供捕鱼证，中国企业提供捕鱼船和技术。渔业合作对当地经济社会发展及民众就业等做出了积极的贡献。目前在毛里塔尼亚的中国渔业公司有四家：中国水产总公司、上海远洋渔业公司、山东渔业公司和大连三阳渔业公司。

食品、纺织品作为基础性生活保障物资，始终是生产能力低下的毛里塔尼亚从中国进口的主要产品。近年来，随着毛里塔尼亚经济建设速度缓慢提高，中国对毛里塔尼亚的机电产品出口发展较快，占出口总量的份额逐年上升。根据毛里塔尼亚官方统计，2008 年，中国向毛里塔尼亚出口机电产品占中国向毛里塔尼亚出口总额的 38.5%，比上一年增长 53.1%，主要涉及电信、汽车、工程机械设备、日用家电等几大领域，产品高、中、低档俱全，价格适中，受到当地人民的普遍认同和喜爱。

2010 年，中国与毛里塔尼亚的双边贸易额为 12.5 亿美元。2011 年，双边贸易额达 19.24 亿美元，同比增长 53%，其中中国出口 3.86 亿美元，同比增长 35.6%，中国进口 15.38 亿美元，同比增长 58.2%。上述三项统计的增幅均超过同期中国与非洲贸易的平均增幅。2011～2016 年中毛贸易额见表 4－26。

2014 年 11 月，中国与毛里塔尼亚签署免关税换文。根据换文，中国将给予 97% 的毛里塔尼亚出口产品以零关税待遇。这项政策于 2015 年起实施。这也是兑现中非合作论坛宣布的举措之一。此举有助于提高毛里塔尼亚出口产品的竞争力，促进双边贸易发展。

表 4－26　2011～2016 年中毛两国贸易统计表

单位：亿美元

年份	进出口		对毛出口		从毛进口		贸易逆差
	总额	同比增长（%）	总额	同比增长（%）	总额	同比增长（%）	
2011	19.24	53.1	3.86	35.6	15.38	58.2	－11.52
2012	19.26	1.6	4.55	17.9	14.71	－2.6	－10.16
2013	23.27	21.7	5.98	31.4	17.39	18.7	－11.41
2014	19.31	－17	7.57	26.5	11.75	－32	－4.18
2015	15.41	－20.24	8.03	6.15	7.38	－37.23	0.65
2016	16.18	5	8.7	8.34	7.48	1.36	1.22

资料来源：海关信息网，www.haiguan.info。

近年来，中毛经贸合作快速发展，经济技术合作成果丰硕，已建成友谊港、体育场、供水设施、农场、医院、学校等近 50 个项目，为毛里塔尼亚累计培训各类人才近 900 名。

中国在毛里塔尼亚承包工程业务始于 1982 年，截至 2008 年底，中国公司在毛里塔尼亚累计签订承包工程合同额近 9 亿美元。主要项目为供水、电信、农田整治、石油勘探、修路、房建等。据中国商务部统计，2015 年中国企业在毛里塔尼亚新签承包合同 9 份，新签合同额 1.02 亿美元，完成营业额 2.84 亿美元；当年派出各类劳务人员 730 人，年末在毛里塔尼亚劳务人员 1436 人。新签大型工程承包项目包括中铁四局集团有限公司承建的毛里塔尼亚努瓦克肖特市雨水排水工程系统项目；中国水产有限公司承建的毛里塔尼亚渔业项目；中兴通讯股份有限公司承建的欣盖提 M6 扩容等。[1]

2017 年 3 月 22～30 日，中国商务部副部长钱克明率中国政府经贸代表团访问毛里塔尼亚。访问期间，两国于 3 月 23 日召开了中毛第三届经贸混委会会议，签订了经济技术合作协定，以及关于医疗设施、政府办公楼等援助项目的换文。

---

[1]　摘自中华人民共和国商务部编《对外投资合作国别（地区）指南——毛里塔尼亚（2016 年）》，第 27～28 页。

第六节 财政金融

一 财政管理

根据毛里塔尼亚法律，年度财政预算与决算由政府编制，并提交议会审议通过。

毛里塔尼亚的国家财政收入来源主要包括各项税收、矿产品与石油出口收入、与欧盟开展渔业合作带来的收入等。但因经济非常落后，国家十分贫穷，除个别年份外，财政几乎是年年入不敷出。财政上的透支部分主要通过以下方式来弥补：一是向世界银行、国际货币基金组织、非洲发展银行等国际金融组织，以及阿拉伯经济和社会发展基金会、伊斯兰开发银行等阿拉伯国家金融机构融资；二是依靠国际组织对毛里塔尼亚的减债（毛里塔尼亚被定为重债穷国）；三是依靠大国、富国对毛里塔尼亚的援助和赠款。

毛里塔尼亚的国家财政支出主要包括六个方面：国土治理、农村发展、人力资源建设、工业发展、体制改革和对各行业项目投资。应当说，除了 20 世纪 70 年代毛里塔尼亚参加西撒哈拉战争时期，政府将大部分财政收入投入战争之外，其他时期政府基本上能将国家财力投入到发展经济、建设国家、消除贫困、改善国民生活方面。例如，2003 年财政收支不敷是因在保证宏观经济平衡发展的前提下，政府大力巩固经济增长和扶贫，加强基础设施建设，改善社会服务质量，特别是教育和卫生方面的服务质量。2004 年和 2005 年财政收支不敷是因大幅度增加国家公职人员工资（增幅达 28%），支持各项社会事业发展，改善向国民提供的各项服务。2007 年财政收支不敷：一是增加对农业的投入（同比增幅达39.15%），整治农业水利工程，开发利用新的农业生产地区，解决农业生产区交通闭塞问题；二是增加对渔业的投入，开发渔业科研，提高海洋渔业资源管理能力，整治渔场；三是增加对矿业的投入，深化对地质状况的认识，建立相应的管理机构；四是增加对能源建设的投入，扩建努瓦克

肖特和努瓦迪布的发电厂。

近年来毛里塔尼亚国家财政收支状况仍欠佳，除 2013 年和 2016 年国家财政收支略有盈余外，其他年份皆为透支（见表 4-27）。

表 4-27　毛里塔尼亚财政收入数据

单位：百万乌吉亚

年份	2010	2011	2012	2013	2014	2015	2016	2017
收入	26200	32406	37840	50500	435280	46021	49514	48934
支出	—	—	—	43680	46002	51369	49440	49486

数据来源：毛里塔尼亚国家统计局网站，http://www.ons.mr。

二　金融概况

（一）本国货币

毛里塔尼亚货币为乌吉亚（ouguiya，UM），1973 年开始流通使用。乌吉亚可与美元兑换，人民币不能与乌吉亚直接兑换。

2014 年 12 月，毛里塔尼亚新版 200、1000 乌吉亚的纸币正式在市场流通。该版新纸币符合 2011 年的安全标准，符合此标准的 100、2000、5000 面值的纸币已经在市场上流通。此前在市场上流通的 200、1000 面值纸币属 2004 年系列，新版纸币与其相比，尺寸略小，图案相似。

从 2018 年 1 月 1 日起，毛里塔尼亚发行新版乌吉亚，整套钞票材质由纸改为塑料，新钞和旧钞兑换比例为 1:10。

（二）外汇管理

毛里塔尼亚实行外汇管制。外资企业在毛里塔尼亚注册后即可在当地开立外汇账户。按照法律规定，外汇可以自由汇进，汇出需要有正当理由。利润汇出不用交税，外国人入境每人每次可带 4000 美元，出境每人每次可带 2000 美元，均须提供银行取款或兑换证明。

（三）银行机构

毛里塔尼亚中央银行位于首都努瓦克肖特，1973 年 6 月 29 日开始对外营业。营业初期，该行垄断外汇兑换和进口业务监督，但随着银行体制的改革，其垄断地位有所下降。现任中央银行行长为阿布德拉·阿齐兹·乌尔德·达里（Abdel Aziz Ould Dahi）。

毛里塔尼亚政府曾在各商业银行中控股达 50% 以上，现在都已经实现了私有化。主要商业银行有毛里塔尼亚国民银行（BNM）、毛里塔尼亚国际贸易银行（BMCI）、毛里塔尼亚巴拉卡伊斯兰银行（BAMIS）、欣盖提银行（Chinguity Bank）、工商银行（BCI）、毛里塔尼亚通用银行（GBM）、毛里塔尼亚商业投资银行（BACIM）等。2013 年，毛里塔尼亚新增 3 家银行，新开营业网点 47 家，营业网点总数达 138 家。目前毛里塔尼亚有 1 家中央银行、10 家商业银行、4 家保险公司、1 家租赁公司、若干信用合作社和百余所小型信贷机构。银行及其营业网点的增加将提高行业间竞争性，有助于提高服务质量，更好地服务大众。

与中国银行合作密切的当地代理行是国际贸易银行（BMCI）。目前在毛里塔尼亚没有中资银行。

（四）融资条件

外国企业刚进入毛里塔尼亚时，在当地融资比较困难。只有当企业逐步建立起信誉后，银行才可能提供贷款、担保等。

（五）信用卡使用

毛里塔尼亚信用卡使用较少，中国发行的各类银行卡在当地均不能使用。

（六）证券市场

毛里塔尼亚没有证券交易所。

第五章

军　事

　　毛里塔尼亚系非洲小国，人口不多，但独立后历经西撒战争与边界冲突，凸显国防建设的重要性。加上该国军队与国家政权关系密切，因此国家对军队兵员人数和国防经费开支都较为重视，军种和武器装备也较为齐全。国防力量在西非各小国中排位较靠前。这可从该国的建军历史、军力军种现状、兵役制度和军事培训等各方面表现出来。

第一节　国防建设概况

一　建军简史

　　毛里塔尼亚独立初期，军队人数很少，且受法国控制。1961 年，毛里塔尼亚与法国签订双边防御协定。1965 年底，法军基本撤出毛里塔尼亚领土，但仍对毛里塔尼亚安全承担责任，为毛里塔尼亚提供武器、培训军官、派遣顾问。毛里塔尼亚武装力量是在殖民时期军警的基础上建立和发展起来的。1965 年，毛里塔尼亚国民军兵力 900 人，仅有陆军和空军两个兵种。同年 11 月，达达赫总统提出军事干部毛里塔尼亚化的口号。从 1968 年起，军队副参谋长和罗索宪兵学校总教官由毛里塔尼亚人担任。同年 1 月，人民党第三次代表大会决定把军队和人民党结合起来，由党领导军队。大会指出，军队要参加国家政治建设。达达赫总统在当年的国情咨文中强调，要改造军队，培养军事专家，推动军事干部毛里塔尼亚化。

　　1969 年，14 个陆军联队中有 12 个联队由毛里塔尼亚军官任指挥官。

1973 年，毛里塔尼亚修改同法国签订的防御协定，减少对法国的依赖，同时增加国防预算，扩建军队。1975 年，国民军总兵力达到 3000 人，陆、海、空军已初具规模。

1976 年初，西撒战争爆发，毛里塔尼亚政府迅速动员、征召预备役军人和青年入伍，兵力扩充至 1.4 万人。武器装备有所改善，增加了火炮、吉普车、军用卡车等装备。但西撒人阵游击队组织严密，训练有素，装备精良，在战场上屡屡挫败毛里塔尼亚政府军。毛里塔尼亚领土广阔，交通不便，不易防守，加之军队人员素质差，缺乏训练，难以阻止西撒人阵的进攻，只好要求法国空军协助保卫领空，协同作战，并请法国在努瓦迪布驻扎 1 个连的兵力，以保卫北部边境和铁路枢纽。1977 年 5 月，毛里塔尼亚与摩洛哥签署共同防御协定，摩洛哥军队进驻毛里塔尼亚北部领土。战争给毛里塔尼亚经济带来了无法承受的负担，国内民众普遍厌战，前线军队士气低落，开小差和要求复员者增多。政府成立"支持战士和战士家属委员会"，以鼓舞士气，但收效甚微。

1978 年 10 月，部分军官发动政变推翻了达达赫政权。1979 年 8 月，毛里塔尼亚政府与西撒人阵签订和平协议，宣布退出西撒战争，废除同摩洛哥的军事协定，要求摩洛哥军队撤出毛里塔尼亚领土。随后毛里塔尼亚政府缩减军队规模和国防开支。1980 年，军队兵员数下降到 7970 人，国防开支降低为 2900 万美元，占国家预算 17%。1989 年 4 月，毛里塔尼亚同塞内加尔发生边境冲突，毛里塔尼亚总兵力又超过了 1 万人。1991 年，国防开支为 3960 万美元，占国家预算的 23%。

此后，毛里塔尼亚军队的总兵力与国防开支逐渐趋于稳定，陆军各兵种逐渐完备，又增建了海军，并增设了宪兵、国民卫队等准军事部队和警察。1998 年三军总兵力 15650 人，其中陆军 15000 人，编有步兵营 4 个、炮兵营 1 个、骆驼兵连 2 个、装甲侦察中队 1 个、高炮连 4 个、工兵连 1 个和伞兵连 1 个。坦克和装甲车 140 辆（其中坦克 35 辆、装甲车 105 辆），各种火炮 220 余门。海军 500 人，各型舰艇 10 余艘；空军 150 人，各型飞机 13 架（其中作战飞机 7 架）。另有宪兵 3000 人，国民卫队 2000 人，准军事部队 5000 人。1998 年军费开支为 3400 万美元。至 2003 年，毛里塔尼亚三军总兵力达 15750 人，其中陆军 15000 人，编有步兵营 4 个、炮兵营 1 个、骆驼兵连 2 个、装甲侦察中队 1 个、高炮连 4 个、工兵连 1 个和伞兵连 1 个；海军 500 人；空军 250 人。另有宪兵 3000 人，国民卫队 2000 人。除空军增加 100 人外，其他都无变动。

二 国防体制

独立初期，军队由总统府军事办公厅直接指挥。后来成立指挥部和国防秘书处。不久国防秘书处又改为国防部，接管原总统府军事办公厅事务。军队参谋部直属国防部领导，下辖陆、海、空军和宪兵。参谋部下设 5 个局，其中第一局负责兵员作战；第二局负责情报；第三局负责训练；第四局负责装备、运输和武器；第五局负责物资、器材和轻武器。此外还附设炮兵局、后勤局、通信局、礼宾局、军医院。

1991 年宪法规定武装力量统帅为总统，总统主持国防委员会会议。总统通过国防部和武装力量总参谋长对全国武装力量实施指挥和领导。最高军事决策机构是国防委员会。国防部是最高军事行政机关。国防部指挥陆、海、空三军。自 1995 年起国防部部长由文官担任，陆军由国民军参谋长直接管辖。武装力量由正规军和准军事部队组成。正规军分为陆、海、空三个军种。准军事部队为内政部所辖的宪兵和国民卫队。实行义务兵役制。服役期 2 年。近几年毛里塔尼亚的军费开支占该国 GDP 的比重见表 5 - 1。

表 5 - 1 毛里塔尼亚军费开支占 GDP 的比重

单位：%

年份	2012	2013	2014	2015	2016
军费开支占比	2.72	2.56	2.7	2.75	2.97

数据来源：The CIA World Factbook：Mauritania, https：//www. cia. gov/library/publications/the - world - factbook/geos/mr. html。

毛里塔尼亚的国家政治史自 1978 年开始就具有军事色彩，至 2007 年成功选出首位民选总统时，其间经历了 30 年的军人执政。在 30 年军人执

政中，毛里塔尼亚军队和国家政权的关系密不可分。虽然在塔亚执政的后期，尤其是在 2006 年对宪法进行修改并公投通过之后，政府宣布走民主化道路，实行民主政治，但军人与国家政权形成的那种传统密切关系始终没有削弱。正由于毛里塔尼亚军队与国家政权关系密切，军队在毛里塔尼亚民主变革——推翻一党制政权的斗争中充当了重要的领军角色。在 2003～2005 年三次试图推翻塔亚政权中，军队均走在最前列。

第二节　军种和军力

经过多年的发展，毛里塔尼亚各军兵种已具备了较为完善的组织系统，并附设相应的培训机构。它们在保卫国家安全，维护社会治安等方面发挥着各自的作用。

毛里塔尼亚全国分为 6 个军区，军区司令部分别驻在努瓦迪布、祖埃拉特、阿塔尔、内马、努瓦克肖特和罗索。毛里塔尼亚兵种包括陆军、海军、空军、宪兵和总统卫队。其他防卫力量还包括国民卫队和国家警察，这两个部门从属于毛里塔尼亚内政部。

根据伦敦国际战略研究所 2016 年发布的《军事力量对比报告》(*The Military Balance*) 显示，2016 年毛里塔尼亚三军总兵力为 15850 人，其中陆军 15000 人，海军 600 人，空军 250 人。空军配备有 2 架 FTB－337 作战飞机，15 架不同型号的运输机以及 4 架 SF－260E 教练机。陆军拥有 35 辆 T－54/55 系列主战坦克，70 辆运输车（包括 20 辆潘哈德 AML－60、40 辆潘哈德 AML－90 和 10 辆阿尔维斯萨拉丁），25 辆轮式装甲运兵车（20 辆潘哈德 M3 装甲车和 5 辆撒拉森装甲车），194 门火炮，114 门迫击炮，24 架米兰反坦克导弹。海军拥有各种舰艇 6 艘。另有准军事力量，包括宪兵 3000 人、国民卫队 2000 人，以及警察 5000 人。

一　陆军

驻扎在全国各主要城镇。包括卫戍部队、机械化部队、工兵和骆驼兵。骆驼兵负责在现代化交通工具难以抵达的边缘地区巡逻。陆军的主要任务是保卫边疆，同时负责维护社会秩序，临时处理地方安全事件。毛里塔尼亚陆军装备落后，绝大部分武器从法国进口，另有少部分美国装备。

二 海军

组建于 1973 年。其任务是保卫领海，防止外国渔船在毛里塔尼亚海域盗取渔业资源。主要海军基地位于努瓦迪布，在首都努瓦克肖特也有海军基地。

三 空军

组建于 1961 年。其主要任务是进行空中侦察，负责边远地区交通联络和特殊运输。2014 年 6 月，美国政府向毛里塔尼亚空军赠送了 2 架飞机，这是两国在安全、反恐领域合作的成果之一。此次赠送的飞机主要用于巡逻、防范走私等。包括零配件在内，价值约合 2100 万美元。

四 准军事部队

毛里塔尼亚宪兵有 3000 人，是毛里塔尼亚武装力量的组成部分，也是治安部队之一。负责警察和国民卫队无法解决的问题，主要任务是处理社会治安事务，军人违纪行为和军民纠纷，加强行政机关与人民群众的联系。宪兵直属军队参谋部并受其领导，最高指挥机构是宪兵司令部。各省设宪兵队，各县设宪兵分队。

国民卫队共计 2000 人，于 1961 年成立。主要负责中央、各省机关及公路要隘的警卫。警察大约 5000 人，负责维持城市交通秩序，保障社会治安，保护人民生命财产安全。独立以前，毛里塔尼亚警察机构设在圣路易，后迁往罗索，1961 年迁往努瓦克肖特，名称为警察局，以后逐步在全国各大城市设立分局。1982 年成立国家警察局，由内政部领导。

五 沙漠"骆驼骑兵队"

在毛里塔尼亚的撒哈拉沙漠地区，活跃着一支身着无袖长袍、黑色长裤，骑着单峰骆驼的部队，这就是"毛里塔尼亚国民卫队游牧骑兵队"，又被称作"骆驼骑兵队"。这支队伍共有 195 名官兵。他们都是从毛里塔尼亚的宰穆尔地区、阿德拉尔地区、塔甘特地区和胡德地区的游牧民族中招募而来的。这支"骆驼骑兵队"一边在沙漠中巡逻执勤，一边帮助沙漠中的土著居民医治疾病、治理蝗灾、治沙植树。目前毛里塔尼亚有两支"骆驼骑兵队"。

为什么"骆驼骑兵队"要选择单峰骆驼作为坐骑呢？主要是为了适应当地特殊的沙漠环境。"骆驼骑兵队"巡逻的地区基本上都是人烟稀少的沙漠。当然，"骆驼骑兵队"还可以得到飞机的协同配合，如侦察和后勤供应，甚至支援作战等。

在浩瀚的撒哈拉沙漠中，"骆驼骑兵队"主要的对手是一些四处流窜甚至越境抢劫的犯罪分子。为了同这些犯罪分子做斗争，"骆驼骑兵队"还要同邻国的游牧部队合作，双方电台使用相同的频道，互通情报协调行动。

毛里塔尼亚政府计划再组建几支骑兵部队，以对付各种抢劫团伙和可能出现的反政府叛乱分子。作为担负合作与指导任务的法国还计划在毛里塔尼亚南部塞内加尔河一带建立一支使用马的骑兵部队，并计划在毛里塔尼亚建立一所专门培养单峰骆驼骑兵部队战士的军校。这样，在撒哈拉沙漠深处，人们将能更经常地看到穿着无袖长袍、骑着单峰骆驼的"骆驼骑兵队"队员。

第三节　兵役制度和军事培训

一　兵役和晋升制度

1962 年 6 月，毛里塔尼亚政府颁布法令，实行义务兵役制。未服过兵役、不担任政府职务也未被判刑的 21～31 岁的男青年均属应征之列。服役期满后，一部分继续留在军中，一部分退伍，转为预备役军人。

按照毛里塔尼亚国民军规定，被授予少尉军衔 2 年后可晋升中尉，再 2 年后可晋升上尉，但必须通过阿塔尔军校或外国军校的考试。上尉衔军官获得校级军衔需要 6 年。少校晋升中校和中校晋升上校均需要 4 年。以上是军衔晋升的最低年限。实际上晋升一级军衔往往需要更长的时间。毛里塔尼亚军队中的最高军衔为上校。

二　军事培训

20 世纪六七十年代，毛里塔尼亚军官均由法国培训，高级军官必须在法国培训。后来法国帮助毛里塔尼亚在阿塔尔建立了一所培养军官、士官的军事学校。阿塔尔军校有训练部和后勤部。学员从高中毕业生中招收，学制 3 年，第三年实习。毕业考试通过者被授予少尉军衔。学习科目包括军事地形学、兵器使用、步兵战术、通信兵、炮兵、工程兵和装甲兵知识以及外军介绍。军校另设上尉班，学员从年轻中尉中招收，学制 9 个月，共开设 13 门课程，通过考试者有资格获上尉军衔。军校还派学员去法国、德国、比利时、阿尔及利亚、摩洛哥、塞内加尔等国军校进修。罗索有一所宪兵学校，负责培训新兵、下级军官和军事技术人员。1962 年 4 月，毛里塔尼亚成立警察干部培训中心，由法国国际警察技术合作处派专家指导训练，教授基本公民知识、法律专业知识、判刑权和判刑手续等课程以及维持秩序、保障公共安全的措施和手段。此后，法国协助毛里塔尼亚在努瓦克肖特建立了全国警察学校，承担原培训中心的任务。

近年来，毛里塔尼亚不断派人到国外学习现代警察技术和缉毒手段。毛里塔尼亚在阿塔尔设有空军学院，负责训练飞行员和其他空军人员。

第四节　反恐行动

近年来，毛里塔尼亚饱受 "伊斯兰马格里布基地组织"（AQIM）① 的侵袭和骚扰。2005～2011 年，该组织吸收了不少毛里塔尼亚人为成员。

---

① "伊斯兰马格里布基地组织"是阿尔及利亚的一个恐怖组织，其主要力量来自阿尔及利亚原"萨拉夫宣教与战斗组织"。它与本·拉登领导的基地组织有着密切的联系，已被美国和欧盟列入恐怖组织名单。

他们从国外偷运武器，袭击政府设施和成员，谋杀外国游客和国际组织援助毛里塔尼亚的工作人员，伏击毛里塔尼亚的军队、警察和宪兵，为此，毛里塔尼亚政府制定了一项严格的反恐战略并允许动用军事力量。毛里塔尼亚的军、警、宪在这方面做出了重大贡献，有效地阻止了恐怖分子的破坏活动。

　　但从 2017 年开始，由于"伊斯兰国"和基地组织在伊拉克和叙利亚的溃败，许多恐怖主义分子潜回毛里塔尼亚，该国的恐怖活动又猖獗起来，迫使该国的军警宪又重新开展反恐的军事行动。2017 年 2 月，萨赫勒五国集团成员马里、毛里塔尼亚、布基纳法索、尼日尔和乍得决定成立由 5000 人组成的萨赫勒五国集团联合部队，在法国"新月形沙丘"行动的支持下，共同打击萨赫勒地区①日益严峻的恐怖主义活动。

---

　　①　萨赫勒地区是非洲撒哈拉沙漠以南一个宽 320～480 千米的区域，横跨塞内加尔、毛里塔尼亚、马里、布基纳法索、尼日尔等国。近年来该地区饱受贫困、武装冲突和自然灾害的困扰。

第六章

社　会

　　毛里塔尼亚全国劳动人口约为 132 万，其中从事农业生产的劳动人口占总数的 50% 以上。国民收入普遍较低，收入分配不均和较高的人口增长率使得该国超过 30% 的人口生活在贫困线以下，其中大部分是农村人口。2012 年爆发的粮食危机导致粮食供应紧张，许多家庭食品供应不足。整体医疗条件简陋，人民缺医少药，婴儿死亡率较高。

第一节　国民生活

　　毛里塔尼亚作为非洲一个地域较大、人口较少且科技水平较为落后的国家，经济和社会发展受到了一定的制约。此外，该国作为萨赫勒地区国家，常年饱受干旱和荒漠化的折磨，周期性的干旱和自然资源的枯竭，对国家的生产能力造成了结构性的破坏，植被和森林资源稀少、水资源有限。除了采矿业和渔业之外，该国在自然资源的开采利用上已经处于严重不足的局面。

　　毛里塔尼亚居民收入普遍不高，由于食品、日用品等许多生活必需品都为进口商品，价格较高，居民收入的相当一部分都用于购买生活必需品，因而在其他方面，如衣着、旅游的消费就十分有限。据世界银行数据，2014 年，毛里塔尼亚国民总收入为 48.01 亿美元，家庭最终消费支出为 29.34 亿美元。

　　目前毛里塔尼亚普通公务员的月收入在 4 万 ~ 10 万乌吉亚（合 130 ~ 300 美元），技术工人收入约 10 万乌吉亚，高级技术人才收入 10 万 ~ 30 万乌吉亚（300 ~ 1000 美元）。本地出租房屋主要分公寓房和整栋房两种，公寓房一般每月 5 万 ~ 10 万乌吉亚，整栋楼房每月在 1000 ~ 3000 美元。毛里塔尼亚公共交通不发达，出行成本较高，基本需要租车或自驾车。首都有多家旅游公司可提供租车，价格为每天 100 ~ 200 美元。首都的二手车市场也比较兴旺，多为欧洲淘汰的旧车，小车价格在 1 万美元左右。首都目前有一家四星级酒店和近 10 家旅馆，喜来登酒店正在建设中。四星级酒店价格为 150 美元/天，普通旅馆 100 美元/天，餐厅就餐价格每顿为 15 ~ 20 美元/人。

当地物产稀少，仅沿海有部分鱼产品。受自然条件限制，蔬菜、水果种类较少。轻重工业基本等于零，绝大部分生产生活物资依赖进口，物价较高。2017 年 6 月主要消费品价格见表 6 - 1，2012 ~ 2014 年消费价格指数见表 6 - 2。①

表 6 - 1　2017 年 6 月毛里塔尼亚基本生活品价格

单位：美元/公斤

产品	单价	产品	单价
散装进口米	0.75	面　　粉	0.60
食 用 油	2 美元/升	带 骨 牛 肉	4
骆 驼 肉	4	羊　　肉	4
香　　蕉	2	土　　豆	0.75
西 红 柿	1	洋　　葱	0.80

数据来源：中国驻毛里塔尼亚使馆经商参处在当地市场采集。

表 6 - 2　2012 ~ 2014 年消费价格指数（基数：2002 年 4 月至 2003 年 3 月为 100）

年份	2012	2013	2014
食品（含饮料）	209.9	219.2	230.3
服装（含鞋类）	194.0	204.0	206.7
房租水电	170.3	176.9	179.8
总计（含其他项）	188.5	196.2	203.2

资料来源：毛里塔尼亚官方统计局。转引自 *Africa South of the Sahara 2016*，edited by Europa Publications，Routledge，2015，p. 805。

---

① 第二段至此摘自中华人民共和国商务部编《对外投资合作国别（地区）指南——毛里塔尼亚（2017 年）》，第 19 ~ 20 页。

在就业方面，2014 年毛里塔尼亚劳动参与率①为 46.63%，其中男性劳动参与率为 69%，女性为 27.47%。2014 年，毛里塔尼亚就业率为 40.62%，其中男性就业人口占比 70.59%，63% 的就业人口年龄为 20~39 岁。从地域分布来看，就业人口主要集中在努瓦克肖特、东胡德、戈尔戈勒、阿萨巴、西胡德和吉迪马卡几个省。从就业行业分布来看，工商业占比 25.68%，农牧业占比 18.8%，社会服务业（教育、卫生等行业）占比 6.19%。2014 年，全国失业率为 12.85%，其中女性失业率为 19.28%，男性失业率为 9.92%。②

由于毛里塔尼亚经济发展缓慢，造成了对外援的过高依赖，多年来毛里塔尼亚政府投资预算的 70% 来自外援。为减轻债务负担，毛里塔尼亚同世界银行和国际货币基金组织经多轮谈判后达成协议，世行和国际货币基金组织同意提名毛里塔尼亚为重债穷国，享受巴黎俱乐部"重债穷国创议案"的待遇。10 年内减免毛里塔尼亚外债 11 亿美元（约占毛外债总额的一半），减免的款项，须按世行和国际货币基金组织的要求在今后 15 年间直接投资抗贫项目，用于兴建农村基础设施，发展教育，解决居民饮用水问题，改善医疗卫生条件等。

2004 年 10 月 25 日，毛里塔尼亚与联合国发展署驻毛里塔尼亚代表处合作召开了"毛里塔尼亚 - 2015"全国研讨会，为在 2015 年实现新世纪宣言第一阶段发展目标听取社会各界意见并进一步确定发展政策规划。通过会议讨论和论证，到 2015 年前毛里塔尼亚发展目标归结为以下几个重点：减少极端贫困和饥饿；确保所有儿童接受初等教育；减少儿童死亡率；改善母亲健康；开展与艾滋病、疟疾及其他疾病的斗争；确保持久的良好环境；与世界各国发展伙伴关系。毛里塔尼亚新世纪发展规划由联合国发展署资助。

---

① 劳动参与率，是经济活动人口（包括就业者和失业者）占劳动年龄人口的比率，用来衡量人们参与经济活动的状况。劳动年龄人口指在一定年龄范围内具有劳动能力的人口。毛里塔尼亚 14~64 岁的人口为劳动年龄人口。

② 数据来源于《2014 年毛里塔尼亚贫困状况报告》，毛里塔尼亚国家统计局网站，www. ons. mr。

毛里塔尼亚

第二节 贫困治理

　　直至 21 世纪初，毛里塔尼亚在减贫问题上进展缓慢，贫困率平均每年下降不到 1%。2004～2014 年，由于商品经济的发展，年平均减贫速度提升了约 1.5%，特别是 2008～2014 年，减贫事业取得快速发展，贫困率由 42% 下降至 31%，赤贫率由 10.8% 下降至 5.6%。减贫事业的进度得益于政府制定的抗贫战略的实施，但是，受 2012 年粮食危机的影响，人民物质生活依然匮乏。

一　毛里塔尼亚抗贫战略[①]

　　为改变国家落后面貌，提高人民生活水平，毛里塔尼亚政府自 1998 年成立抗贫署后，逐年加大对该署的财政投入。2001 年 1 月议会通过了政府制定的《2001～2015 年抗贫战略框架》，这一战略由三个五年计划组成，目标是到 2015 年将本国贫困人口比率降低到 17%。

　　这项抗贫战略包括四大主题。第一个主题是加快经济增长，这是该抗贫方案的基础。其目的是增强国家经济竞争力和减少对外部因素的依赖。第二个主题是开发穷人的潜能，促进生产力发展和经济增长。它主要依靠公共投资计划的实施，这将有助于解决经济不平等现象和改善贫困地区的资源供应。第三个主题是提高生产力和改善穷人生活状况，这将在较长时期内对解决贫困问题产生显著的影响，尤其是对于教育和医疗状况的改善将提高穷人抵御困境的能力。第四个主题是在提高公共管理能力和让社会各界人士在抗贫工作中积极发挥作用的基础上，实现政府机构的发展与进步。

　　其中，2001～2004 年的阶段性抗贫战略计划的主要目标如下：（1）确保该时期内年平均经济增长率超过 6%；（2）实现贫困率和极度贫困率分别低于 39% 和 22%。该阶段抗贫战略的五大重点是：（1）农村发展计

---

　　①　参见崔克《毛里塔尼亚贫困问题研究》，吉林大学硕士学位论文，2010 年。

划，其目的是实现农村贫困率低于53%；（2）大城市和主要二级城市边缘的城镇发展计划；（3）在教育领域，力求在 2004 年实现全国教育普及；（4）在医疗领域，实现婴儿死亡率和儿童死亡率低于 90‰和 130‰，并使得全国范围内 80% 的人都能在 5000 米内享用卫生设施；（5）扩大水资源供给。

长期战略目标如下。

2010 年实现全国贫困线以下人口比率低于 27%，2015 年实现低于 17%，在 2015 年实现农村贫困率与现期情况相比减半的目标。

在 2015 年实现社会发展目标，具体标准参照各种世界峰会（如教育、扫盲、医疗覆盖率、饮用水、住房等）所建议达到的水平。

减少社会和地域性差异。在教育领域，到 2004 年要实现学校的全国普及。从长远来看，目标还包括消除性别和地域歧视。

在医疗和饮用水供应方面，2015 年要实现三大基本目标：医药治疗覆盖全国范围；婴儿死亡率和儿童死亡率分别降低至 40‰和 55‰；全国 500 人以上的村庄全部拥有饮用水供应系统，城市地区饮用水连接系统增加至 85%。

根据毛里塔尼亚统计局 2015 年 8 月发布的《2014 年毛里塔尼亚贫困状况报告》[①] 显示，截至 2014 年，毛里塔尼亚贫困人口比例为 31%。2008~2014 年，贫困人口比例年均下降 1.8%，其中，农村贫困人口比例年均下降 2.5%，城市贫困人口比例年均下降 0.7%。从省级分布来看，吉迪马卡、塔甘特、阿萨巴和卜拉克纳 4 个省的贫困人口超过 40% 以上；东胡德、戈尔戈勒、阿德拉尔和特拉扎 4 个省的贫困人口比例在 30% ~ 40%；西胡德和因希里 2 个省的贫困人口比例在 20% ~ 30%；而提里斯 - 宰穆尔、达赫莱特 - 努瓦迪布和努瓦克肖特 3 个省（特区）的贫困人口比例则低于 20%。

从家庭支出情况来看，2014 年，食品支出占家庭总支出的比例为 47.9%，住房支出占比 16.8%，教育和医疗健康支出占比分别为 5.4% 和

---

① 《2014 年毛里塔尼亚贫困状况报告》，毛里塔尼亚国家统计局网站，www.ons.mr。

4.8%。

　　2015 年底，"抗贫战略框架" 实施完成。这一战略的实施产生了诸多积极的影响。具体来说，毛里塔尼亚宏观经济得以稳定，经济持续增长，2011～2015 年平均增长率为 4.5%；反贫困取得很大成就，2000 年贫困率为 51%，2008 年下降到 42%，2014 年降至 31%；贸易环境得到改善，根据世界银行营商便利度指数（Ease of Doing Business），毛里塔尼亚国际排名在不断提升，2016 年世界排名 165 位，2017 年排名 160 位；与此同时，毛里塔尼亚建设了大批基础设施，尤其是在医疗、交通、能源、供水、农业等领域，使民众的生活条件得到了显著的改善；税务部门的工作效率得到极大改善，公共开支管理更加合理；在反腐败方面业取得了一定的成就。①

　　随着 2015 年 "抗贫战略框架" 的完成，毛里塔尼亚又制定了 2017～2030 年《加速增长与共享繁荣战略》（SCAPP, Stratgie de Croissance Acclreet de Prosprit Partage）。该战略主要是通过发挥私营企业的主动性，改革创新，提高出口能力，吸引外商直接投资，来实现经济的结构性转变，促进经济的快速增长。

　　2017 年，国际货币基金组织与毛里塔尼亚政府签署协议，允许毛里塔尼亚获得特别提款权（SDR），约合 3 年期内 1.628 亿美元信贷。此项经济改革方案旨在促进经济包容性和多样化增长，保持宏观经济稳定，减少贫困。该方案要求建立具有竞争力的货币市场和现代化的货币政策框架，确保市场流动性，稳定汇率；采取措施加强银行监管，改善营商环境，改善社会保障体系。②

---

① 内容来源于网易新闻：《毛里塔尼亚政府总理哈达明：我们的目标是 "加速增长与共享繁荣"》，http://money.163.com/17/0830/05/CT2J8SBS002580S6.html。
② 《IMF 与毛塔政府达成 1.63 亿美元的三年期协议》，中华人民共和国驻毛里塔尼亚伊斯兰共和国经济商务参赞处网站，http://mr.mofcom.gov.cn/article/jmxw/201711/20171102674775.shtml。

二　2012 年毛里塔尼亚粮食危机及其治理[①]

2011 年，毛里塔尼亚经历了近 10 年来最严重的旱灾，降雨量和 2002 年大旱的情况相似，全国 60% 的水站极度缺水。干旱造成农业的大幅减产和牧业养殖困难，给原本就脆弱的粮食供给体系带来极大的影响。自 2011 年底开始，毛里塔尼亚开始出现粮食危机，涉及约 80 万人口。同年底，根据毛里塔尼亚政府和塞内加尔政府的协议，约 5000 多名因过去战乱流亡塞内加尔的毛里塔尼亚难民回到毛里塔尼亚，被安置在南部塞内加尔河流域。2012 年初，邻国马里发生内战，大量马里难民进入毛里塔尼亚边境，形成难民危机。而这两个聚集难民的地区恰恰是毛里塔尼亚粮食危机最严重的东南部地区，不仅加重了毛里塔尼亚粮食危机的程度，还引发了人道主义救援危机。尽管毛里塔尼亚政府和国际社会采取了一系列措施，但至 2012 年 4 月，粮食危机情况仍然十分严重。

（一）危机产生的原因

其一，毛里塔尼亚长期处于粮食不安全状态。受恶劣的自然环境和落后的经济影响，粮食供给长期不能自给。正常情况下，毛里塔尼亚本国的粮食供给只能满足 20% ~ 30% 的需求，尤其是谷物类粮食，在最好的年份中也只能自给 16% ~ 30%，其余约 70% 的需求要靠进口和援助解决。

其二，严重的旱情导致本国农牧业减产严重和大部分人口失去收入来源。农业和牧业在毛里塔尼亚 GDP 中的占比分别为 17% 和 12%。农业生产中约 60% 的作物依靠雨水种植。2011 年的旱灾使雨水耕种区域减少了 58%，产量减少了 76%，国家农牧业总体产量减少了 50%。而从事农牧业是大部分毛里塔尼亚人，尤其是贫困人口赖以生存的方式。根据联合国开发计划署 2011 年的人口发展报告，毛里塔尼亚总人口中

[①] 《2012 年毛里塔尼亚粮食危机情况》，中华人民共和国驻毛里塔尼亚伊斯兰共和国大使馆经济商务参赞处网站，http://mr.mofcom.gov.cn/article/ztdy/201205/20120508125959.shtml。

约62%属于贫困人口，其中42%的人口属于极度贫困。旱灾使大部分贫困人口失去了收入来源。根据2011年7月联合国粮食安全观察组织和世界粮食计划署的联合调查，毛里塔尼亚21.1%的家庭缺少食物，涉及共约67.8万人。

其三，粮食储存和国际援助难以应对粮食缺乏状况。国家的粮食安全存货和国际粮援是可以立即投入的资源，在危机发生时可起到救急作用。但根据毛里塔尼亚政府对近年来主要粮食谷物类产品的调查分析，平均每年国内产量只满足20%的需求，连同存货一起也只能满足37%的需求。而国际援助则在进口份额中占比很小，平均每年进口约33万吨谷物，其中只有7000吨属于援助性质。国家粮食存货和粮援越来越难以发挥其紧急救援的作用。

其四，进口商品价格上涨导致居民购买力下降。由于国际市场价格上涨和毛里塔尼亚本国货币的贬值，2011年商品进口价格同比上涨了45%~60%，2012年物价仍然持续上涨，毛里塔尼亚本国和居民购买力持续下降。人口最基本需求的谷物类粮食70%靠进口，进口粮食中26%是米，40%是面粉，34%是传统谷物，结果米和面粉的进口价格在2011年分别上涨了26%和36%。毛里塔尼亚人口主要的消费品糖和油基本上全靠进口，这两种商品的进口价格在2011年也分别上涨了18%和13%。

（二）毛里塔尼亚政府和国际社会应对危机的措施

危机发生后，毛里塔尼亚政府在2011年11月推出了"2012希望工程"（Emel，2012）以应对危机。该工程主要通过对人和牲畜两方面的救援来缓解危机，实施期限为2011年11月至2012年7月，总计拨款约1.6亿美元，主要通过毛里塔尼亚政府和国际组织共同合作实施。

国际社会所采取的措施主要如下。

联合国儿童基金会把对严重营养不良儿童的援助提高了2倍；在危机最严重的地区实施一项"饮用水和污水处理"特别计划；和世界卫生组织合作开展预防传染病行动。

世界粮农组织采取措施推动牲畜饲料的供应；加强对牲畜疾病的预防；提高种子品种质量。

法国红十字会、国际反饥饿组织、宣明会、乐施会等无政府组织参与了卫生、饮用水、救治营养不良儿童等的行动。

联合国世界粮食计划署直接参与毛里塔尼亚政府及其他国际组织的行动合作，并努力推动在毛里塔尼亚当地的各类组织参与救援。

截至 2012 年 3 月，除了存货发放一项因资源严重不足而无法满足预期外，其他各项用于解决人畜急需的物资执行率均良好，能够完成计划，但受益人口率仍不足。

（三）粮食危机反映出的经验教训

第一，毛里塔尼亚粮食存货严重不足，资金短缺。

第二，缺乏足够的大型运输工具发放救援物资。危机最严重的东南部处于内陆，恶劣的自然环境和极差的交通基础设施使运输发放工作异常困难。港口的卸货能力有限，陆路缺乏大型装载卡车运送，航空方面只依靠联合国人道主义组织提供的一架小型飞机运送，大量物资无法及时运送到受灾人手中。

第三，马里难民危机分化了救援资源。聚集在毛里塔尼亚边境的马里难民数量较大，难民营所面临的粮食短缺和人道主义救援危机分散了国际社会的救援资源，加剧了毛里塔尼亚本国粮食短缺程度。

根据联合国世界粮食计划署的资料显示，毛里塔尼亚有 6 个省的营养不良水平已达到紧急状况，每 6 个人中就有 1 个营养不良，5 岁以下儿童的营养不良比率已经从 2014 年的 10% 上升至 2015 年的 14%。总体而言，粮食危机的影响极为严峻。

2017 年 11 月 1 日，毛里塔尼亚与联合国粮农组织签署合作备忘录，联合国粮农组织承诺在 2017～2021 年向毛里塔尼亚援助 140 亿乌吉亚（约 3900 万美元），用于粮食安全生产领域。

第三节 医疗健康

2010 年，毛里塔尼亚人口自然增长率为 2.37%，婴儿死亡率为 6.19‰。65 岁以上人口占总人口的 3.4%。居民平均寿命为 60.75 岁，成人文盲率

44.2%。2013 年，人口增长率为 2.5%，居世界第 40 位，城市人口占总人口比率约为 41.5%。毛里塔尼亚人口结构及健康情况见表 6－3。

表 6－3　毛里塔尼亚人口结构及健康状况数据

15 岁及以下人口占比（%）	40%
60 岁及以上人口占比（%）	5%
城市人口占比（%）	59%
生育率（平均每名妇女）	4.7 人
死亡人数（每千人）	30.4 人
15～49 岁人口中 HIV/AIDS 患者的比率（2012 年）	40%
每 1000 名病人拥有的医生（2009 年）	0.13 人
每 1000 名病人拥有的病床数（2006 年）	0.4 个
5 岁以下儿童的死亡人数（每 1000 名活婴）	90 人
卫生支出占 GDP 比率（%）	3.8%

数据来源：世界卫生组织官网，http：//www.who.int/countries/mrt/zh/。

2017 年，毛里塔尼亚人口增长率为 2.17%，居世界第 37 位，出生率为 3.04%，死亡率为 0.79%。城市人口占总人口比率为 61%。人口年龄状况见表 6－4。

表 6－4　2017 年毛里塔尼亚人口年龄结构

年龄段	男性（人）	女性（人）	占比（%）
0～14 岁	727855	721508	38.56
15～24 岁	364570	379866	19.81
25～54 岁	578422	669628	33.21
55～64 岁	79162	96297	4.67
65 岁及以上	59928	81335	3.76

数据来源：The World Factbook，2017，https：//www.cia.gov/library/publications/resources/the-world-factbook/geos/mr.html。

毛里塔尼亚主要的传染病包括：食物或水源性疾病（腹泻、甲肝、伤寒），虫源性疾病（疟疾和登革热），呼吸系统疾病（流行性脑膜炎）

以及狂犬病等。毛里塔尼亚主要流行的疾病有腹泻、结核、疟疾、急性呼吸道疾病、病毒性肝炎、血吸虫病等。夏季 7～10 月为雨季，蚊蝇较多，是疾病高发期。

根据世界卫生组织的统计数据，2012 年，导致毛里塔尼亚人口死亡的 10 大病因是：下呼吸道感染（12.1%）、结核病（11.2%）、疟疾（6.2%）、早产并发症（6.1%）、腹泻病（5.8%）、中风（5.6%）、缺血性心脏病（4.1%）、新生儿窒息及产伤（3.9%）、道路交通伤害（3.3%）及新生儿败血症及感染（3%）[①]。

毛里塔尼亚医疗卫生条件十分简陋，缺医少药，全国共有医生 350 人，病床 2350 张。近年来，毛里塔尼亚政府加大投入力度，改善全国医疗卫生条件。在努瓦克肖特建设急救服务中心，在罗索、卡埃迪、努瓦迪布建设地区医院，在罗索、塞利巴比、内马建设公共卫生学校，改扩建全国 4 所地区医院和 13 个卫生所。首都和外省地区共配备 16 辆急救车。全国医疗保险覆盖面进一步扩大，涵盖自由职业者和地方企业雇员，2012 年投保比率提升 16%[②]。据世界卫生组织统计，2011 年毛里塔尼亚全国医疗卫生总支出占 GDP 的 5.4%，2013 年卫生总支出占 GDP 的比率为 3.8%。2006～2013 年，平均每万人拥有医生 2 人、护理和助产人员 7 人、牙医 1 人、药师 1 人、病床 4 张。2014 年，卫生总支出占 GDP 的比值为 3.8%。

经过多年的努力，毛里塔尼亚母乳喂养率已经由 2007 年的 11% 提高到 2014 年的 48%，缺碘人口也由 2007 年的 31% 降至 2012 年的 10%。毛里塔尼亚改善婴幼儿营养不良的工作目标是：到 2025 年，至少将目前 5 岁以下婴幼儿营养不良率降低 40%。

自 2014 年起，埃博拉疫情开始肆虐西非部分国家。毛里塔尼亚卫生部在总统阿齐兹的指示下采取了一系列预防措施：一是开通热线电话

---

① 数据来源于世界卫生组织网站，http：//www. who. int/countries/mrt/zh/。
② 摘自中华人民共和国商务部编《对外投资合作国别（地区）指南——毛里塔尼亚（2016 年）》，第 13 页。

101，呼吁所有国民保持警惕，在发现疑似病例时第一时间通知卫生部；二是严控边界及外来旅行者，在入境口岸安装疾病监测设备，对外来旅行者进行严格的身体检查，在罗索机场和港口安装发热检测仪，对旅行者进行体温检测，防止带入埃博拉病毒；三是加强与周边国家和世界卫生组织的沟通与协调，共同应对疫情；四是建立危机应急机制。

2016 年 10 月，中国与毛里塔尼亚政府签署协议，确认中国将援建位于努瓦克肖特的医疗队宿舍和传染病专科门诊楼。医疗队宿舍项目总建筑面积 3275 平方米，主要建设内容包括 20 套医疗队宿舍及配套设置的诊室、车库、餐厅、厨房、活动室、会议室、医院高管用房和设备用房及用地范围内的大门、围墙等。传染病专科门诊楼项目总建筑面积 4200 平方米，主要建设内容包括热带与传染病门诊、行政办公室、住院部、配套附属设备用房等。

第七章

文　化

基于其地理位置，毛里塔尼亚文化是摩尔文化（阿拉伯－柏柏尔）与黑非洲文化的独特结合体，毛里塔尼亚自古以来就是多个古国（加纳、马里和穆拉比特王朝）文明的聚集之地，这些源远流长的历史使毛里塔尼亚成为各民族文化交融的丰饶之地。

历史名城欣盖提、阿塔尔和瓦拉塔等被联合国教科文组织列入世界文化遗产，是毛里塔尼亚历史财富和多元文化特性的明证。民众信奉的伊斯兰教，是毛里塔尼亚社会的坚实黏合剂。逊尼派的马利基教义被全国广大教徒信仰，该教派是尊崇宽容与开放精神的伊斯兰教派。

沙漠之中的大学，即传统大学（当地称为 Mahadras，音译为马哈德拉，即古兰经学校）的古老图书馆里珍藏着上千本未被公开发表的书稿，展现了毛里塔尼亚文化遗产的博大与原创性。

这个国家以诗人多而闻名，他们的名望远远超越了国家和地域的界限，因而毛里塔尼亚被称为有"百万诗人的国度"。

毛里塔尼亚的宗教学者是伊斯兰教在非洲（尤其是西非）传播的奠基者，享誉整个阿拉伯世界和伊斯兰国家。他们在多所大学里教授宗教学课程。

第一节　教育

毛里塔尼亚重视发展教育事业，号召全民学习知识，把提高全民教育水平作为脱贫的重要途径之一。

毛里塔尼亚的教育分为现代教育和伊斯兰教育两大类。虽然伊斯兰教育的历史很悠久，但由于这种教育的宗教特性，使得毛里塔尼亚非常缺乏适应社会发展需要的应用型人才。就现代教育而论，这个国家仍处于初级发展阶段。政府一贯强调必须改进和扩充现代教育事业，但也强调必须发展伊斯兰教育，政府认识到，为了促进国家统一，有必要保存并加强伊斯兰教文化传统。因此除现代学校外，毛里塔尼亚全国还存在着传统的古兰经学校。

毛里塔尼亚公立大、中、小学实行免费教育。教学实行阿拉伯语和法语双语制。6 岁至 11 岁接受小学教育，共计 6 个学年。2012 年，全国学龄儿童中有 70% 的孩子入学接受教育。中等教育从 12 岁开始，历时 7 年，分为两个阶段，学制分别是 4 年和 3 年。高等教育共计 5 个学年。2014 年，毛里塔尼亚全国基础教育毛入学率为 76.8%，其中农村毛入学率为 66.2%。城市毛入学率为 90.8%。中等教育毛入学率为 44.0%。2007~2016 年各级教育学校的毛入学率见表 7-1。

表 7-1　2007~2016 年毛里塔尼亚各级教育毛入学率*

单位：%

	年份	2007	2008	2009	2010	2011	2012	2013	2014	2015	2016
小学	总计	94.29	90.03	95.15	96.22	94.8	95.53	95.73	97.15	101.21	93.86
	女性	95.67	91.82	97.28	98.28	97.26	97.92	98.01	99.83	103.73	96.79
	男性	92.96	88.29	93.08	94.21	92.4	93.21	93.52	94.54	98.77	91.02
中学	总计	—	18.75	20.04	20.23	22.26	26.43	29.13	29.68	30.34	31.57
	女性	—	17.54	18.23	18.58	20.36	24.18	28.15	28.33	29.22	31.1
	男性	—	19.92	21.8	21.84	24.11	28.62	30.07	30.99	31.44	32.03
高等	总计	3.75	3.8	3.86	4.37	4.73	5.09	5.33	—	5.47	5.2
	女性	—	2.18	2.21	2.51	2.76	3.04	3.26	—	3.64	3.48
	男性	—	5.37	5.46	6.17	6.63	7.08	7.35	—	7.24	6.86

注：毛入学率指某一级教育的在校生人数（不考虑在校生年龄大小）与符合官方为该级教育所规定之年龄的总人口之比，是衡量教育发展水平的重要指标。

数据来源：联合国教科文组织网站，http://uis.unesco.org/en/country/mr? theme = education - and - literacy。

2015～2016 学年，毛里塔尼亚初等教育入学人数为 601364 人，毛入学率为 99.8%；中等教育入学人数 199920 人。2016～2017 学年，初等教育入学人数为 627710 人，中等教育入学人数为 209126 人。[①]

一 伊斯兰教育

毛里塔尼亚很早就有一套由教长规定的广泛而分散的宗教文化教育系统。伊斯兰教在公元 7 世纪伴随阿拉伯人的入侵传播到西北非。传统的伊斯兰教学校既见于游牧社团，也见于定居村庄。在特别著名的教长教师周围，聚集了希望他们的子女能够向这些名师学习的家庭。所以，许多伊斯兰教宣讲中心是围绕这些教长的住宅帐篷发展起来的。

1955 年在布提里米特建立的伊斯兰教学院，是西非仅有的伊斯兰教高等学府。该学院专门从事传统伊斯兰教课题与教学法的研究，并对布提里米特的教长们所收集整理的手稿进行汇编管理。在欣盖提、卡埃迪、梅德尔腊、瓦拉塔和提吉克贾等地，也有一些保管传统伊斯兰教文献的文库。

毛里塔尼亚的大多数男孩和女孩都要接受传统的伊斯兰教育，最初是在家庭内部，其后则是在当地由教长创办的古兰经学校。1999 年教育改革后，所有学龄前儿童都要进入古兰经学校学习。

二 现代教育

（一）教育体系

在法国殖民期间，法国殖民当局在毛里塔尼亚建立了一套公立学校制度，由小学和中学两部分组成。这些学校大部分都集中在塞内加尔河谷定居居民所在地，只有少数分布在游牧民族散居的较大绿洲中心地带。由于塞内加尔河谷定居居民大多数是少数民族，因此少数民族占了毛里塔尼亚知识分子的大多数，在公立学校教师队伍中也是少数民族占压倒多数。

---

① 数据来源于毛里塔尼亚教育部网站，www. education. gov. mr。

位于游牧地区的法国学校很难吸引学生，摩尔人接受现代学校尤为勉强。但随着全球化和外部世界的发展，他们也逐渐把子女送进现代学校。第二次世界大战后，法国人在毛里塔尼亚试行"流动学校"，以这种方法为许多游牧民提供现代教育。1954 年，这种帐篷学校有 12 所，入学学生 241 名。这类学校后来由毛里塔尼亚政府接办，但往往因其是从游牧民族中选择教师而导致质量不高。

独立以后，政府意识到教育是促进经济发展和提高国民素质的主要手段之一，开始大力发展教育事业。直到 20 世纪 80 年代末期，毛里塔尼亚的中小学教育仍然沿袭法国模式。1999 年教育改革之前，毛里塔尼亚的教育体系分为两个独立的部分：一个以阿拉伯语作为主要教学语言；另一个则主要以法语作为教学语言。这一教育体系从 1979 年一直延续到 1999 年。大部分的摩尔人，尤其是居住在乡村的摩尔人接受的都是阿拉伯语教育，而颇耳人、索宁克人和沃洛夫人则主要接受双语教学。这一教育体系的存在是导致毛里塔尼亚不同族群之间摩擦不断的主要原因之一，也是导致政府在教育上支出较多，而教育水准却不断下降的重要原因。许多富人家庭不得不将子女送入私立学校接受教育。

1999 年 4 月，毛里塔尼亚政府决定改革这一陈旧的教育体系，以便在毛里塔尼亚全国建立起统一、高效的教育系统。改革的主要措施包括：在毛里塔尼亚全国建立一个单一的教育体系；小学一年级运用阿拉伯语教学，第二年则引入法语教学；在每个省建立专业的培训中心；中学由 6 年制改为 7 年制；在中学一年级引入英语教学；中学四年级开始教授计算机课程；科学类课程如数学、自然科学和计算机等以法语为教学语言。

改革之后，毛里塔尼亚的教育体系如下。

（1）学前教育

所有毛里塔尼亚儿童，不分性别和种族，在 4～6 岁时都要进入古兰经学校学习，以掌握基本的阿拉伯语阅读和写作能力，并背诵《古兰经》经文。

（2）小学教育

小学教育实行 6 年制，从 6 岁到 11 岁。一年级用阿拉伯语教学，从二年级开始引入法语教学，主要适用于数学和自然科学等课程。

小学毕业时需要参加教育部组织的中学入学考试，考试包括 7 个科目，其中 4 个科目以阿拉伯语考试，3 个科目以法语考试。

（3）中学教育

中学教育分为两个阶段，第一阶段称为"学院"（college），学习时间为 4 年，第二阶段称为"高中"（Lycée），学习时间为 3 年。整个中学教育时间为 7 年。

在学院教育的第一年开始引入英语教学，第三年开始教授物理，第四年教授计算机课程。科学类课程如数学、自然科学、物理和计算机等课程用法语教学，文史类课程如历史、地理和宗教等则用阿拉伯语教学。

学生在 4 年的学院教育结束之后取得合格的成绩即可以进入高中学习，无须参加国家考试。高中最后一年，学生须参加毕业会考（Baccalaureat）。

（4）职业教育

通过会考获得学位之后，学生可以通过参加考试进入职业技术学院（College Technique）学习。两年之后即可获得职业教育证书（Brevet d'Enseignement Professionel）。

获得职业教育证书之后，学生可以进入职业教育高等学校（Lycée Technique）学习并获得职业技术证书（Brevet de Technicien）。持有这一证书的学生可以通过考试进入高等技术教育中心（Centre Supérieur d'Enseignement Technique）学习并获得"高等技术教育证书"（Brevet de Technicien Supérieur）。这一证书等同于大学学位。

（5）大学教育

努瓦克肖特大学于 1980 年成立，分为三个学院：人文与艺术学院、经济与法律学院以及科学与技术学院。

全国有 5 所高等院校：努瓦克肖特大学、国家行政学校、高等师范学院、高等科学院和高等伊斯兰学院。此外还有 5 所技术学校。

毛里塔尼亚在科学研究方面的机构有高等科学院和毛里塔尼亚科学研究院。1989 年 6 月，设立全国科学研究委员会，任务是培养科学研究者、

拟订科学研究计划。全国科学研究委员会由政府秘书处、农村发展部、工业与矿业部、文化与伊斯兰指导部、卫生与社会事务部、水利能源部、组织和编制局以及各高等学校代表组成。毛里塔尼亚科学研究单位缺少资金，开展科研项目的资金主要依靠外国支持。毛里塔尼亚科技人员数量极其有限，满足不了国内需要，而且科技人员大部分在国外接受培训，所掌握的技术很难在国内应用。

（二）教育发展状况

1950 年，毛里塔尼亚第一所师范学校在布提里米特建立。1957 年位于罗索的第二所师范学校开始培训教师。第三所师范学校于 1964 年在努瓦克肖特开办。1963 年公立小学中仅有 937 名教师，布提里米特学校中仅有一名教师。聘用在外国受过教育的人补充当地教师较为困难，多数教师不愿受聘。大量使用教长教师也不可能，因为大部分教长怨恨现代教育制度对他们宗教信仰的忽视。

毛里塔尼亚入学人数自独立以来已有大幅增加。1964～1965 年共有小学生 19100 人，中学生 1500 人。尽管学生人数有所增加，1965～1966 年，入学儿童占学龄儿童的比例仍仅为 9.5%，而中学生的入学比例仅为 4%～10%。男孩入学人数远远多于女孩。1985～1986 年，小学注册人数上升到 140871 人，中等和职业学校入学人数上升到 34674 人。根据官方统计，全国有 878 所小学和 44 所职业培训机构，共计 4336 名学生接受了中学毕业后的培训，另有 448 名学生在国家伊斯兰教研究所学习。除此之外，大约有 1900 名毛里塔尼亚人在国外接受各种各样的培训。公立学校拥有 2900 名小学教师、1563 名中学教师和职业教师（其中有 412 名外籍教师）、237 名大学教师，他们中半数以上是移居毛里塔尼亚的外国人。1982 年，国家行政学院和国家科技学院在努瓦克肖特成立，到 1983 年差不多有 1000 名学生开始在努瓦克肖特接受大学教育。

在 1999 年 11 月通过的 2000 年预算法案中，教育投入增加了 15%，用于扩大师资，增建学校。在校学生人数由 5 万人增加到 6 万人，学校食堂由 1047 个增至 1147 个，地区培训中心由 5 个增至 12 个。1997 年，教育经费占国民生产总值的 5.1%，文盲率为 58.8%，成年人扫盲率为

41.2%（其中男性 51.7%，女性 31%），各级教学平均入学率为 42%。
2001 年各级教育平均入学率提高为 43%。2004 年各级教育平均入学率为
46%。2010 年，全国共有小学约 2820 所，中学 353 所。2012 年，全国新
建 15 所中学、20 所小学和 1000 间教室，在努瓦克肖特翻修扩建 68 所学
校。新的努瓦克肖特大学城项目已于 2014 年 2 月 16 日通过了临时验收。
2008～2016 年教育支出占 GDP 的比例见表 7 - 2。

表 7 - 2　2008～2016 年毛里塔尼亚教育支出占比

单位：%

年份	2008	2009	2010	2011	2012	2013	2014	2015	2016
占 GDP 比率	3.55	—	3.6	3.05	2.78	2.94	—	—	2.63
占政府总支出比率	13.88	—	16.04	13.68	10.02	11.41	—	—	9.33

数据来源：联合国教科文组织网站，http：//uis. unesco. org/en/country/mr？ theme = education -
and - literacy。

2016 年，毛里塔尼亚学前教育学生/教师比率为 19.22，即每 19.22
名小学生可分配到 1 名教师。小学学生/教师比率为 36.37，中学学生/教
师比率为 26.37。

文盲问题是毛里塔尼亚的重大问题，是毛里塔尼亚经济和社会发展的
重要制约因素。1985 年，毛里塔尼亚成年人非文盲比率为 17%～25%，
大约是撒哈拉非洲非文盲比率的一半。尽管如此，这个比率相对于独立时
的 5% 和独立 10 年后的 10%，已经是一个进步。出于对受过良好教育劳
动力的需求，毛里塔尼亚于 1986 年 6 月进行了一场扫盲运动，并将建立
国家文化、信息和电信秘书处作为首要的任务来完成。在 20 世纪 80 年代
中期，毛里塔尼亚每年大约有 4500 万美元用于教育。在西非说法语的地
区，毛里塔尼亚小学教育的投入是最高的。这笔费用一部分用于支付教师
的薪水，另一部分作为学生的奖学金。2000 年，毛里塔尼亚 15 岁以上人
口的识字率为 51.21%，从性别来看，男性识字率为 59.54%，女性为
43.42%。2007 年，毛里塔尼亚 15 岁以上人口的识字率下降至 45.5%，
其中男性识字率为 57.4%，女性为 35.35%。这一趋势反映了毛里塔尼亚

教育发展面临的诸多困难。2015 年，毛里塔尼亚文盲状况及识字率见表 7-3、表 7-4。

表 7-3　2015 年毛里塔尼亚文盲人口数

单位：人

年龄层	总计	男性	女性
15~24 岁	296614	120730	175884
24 岁以上	1168123	456103	712021

数据来源：联合国教科文组织网站，http://uis.unesco.org/en/country/mr? theme = education - and - literacy。

表 7-4　2015 年毛里塔尼亚国民识字率

单位：%

年龄段	总计	男性	女性
15~24 岁	62.64	70.05	55.0
24 岁以上	52.12	62.63	41.61
65 岁以上	27.32	43.14	15.58

数据来源：联合国教科文组织网站，http://uis.unesco.org/en/country/mr? theme = education - and - literacy。

毛里塔尼亚严重缺乏具有技术性的劳动力。在 20 世纪 80 年代中期，只有大约 15% 的中学生能接受职业教育。为了改善这种局面和提高人民的文化水平，政府鼓励私营学校的发展，大多数产业工人的培训在私营学校里进行。更重要的是，政府也开始把教育事业的发展战略转向国际社会。1987 年，世界银行同意为毛里塔尼亚的教育事业提供赞助，使其更好地适应国家发展需要，并建议进行初等和中等教育的改革，特别注重一些政府管理职能需要的特殊领域的职业培训，例如水利工程和渔业的职业培训等。

达达赫培训中心是毛里塔尼亚的一家非营利性培训机构，旨在为毛里塔尼亚贫困或失足青少年提供职业培训，帮助他们更好地融入社会，并走上正式的就业岗位。截至 2014 年 11 月，该中心拥有学员近 400 名，培训项目涉及缝纫、理发、电焊、计算机等。

2014 年 4 月 30 日，世界银行执行董事会宣布向毛里塔尼亚提供援助，让更多的当地年轻人获得更好的职业技术教育和培训，并为将要从事的工作做好准备，以促进毛里塔尼亚的经济增长。国际开发协会提供 1130 万美元，资助毛里塔尼亚青年技能发展项目，这一技能发展计划持续到 2016 年，使近 1.6 万名青年接受了学徒制或职业技术教育机构的培训。

第二节　新闻出版

1987 年 9 月，毛里塔尼亚成立新闻部。毛里塔尼亚新闻事业发展缓慢，比较落后，外国新闻在毛里塔尼亚的影响很大。全国共有新闻工作者约 500 人，主要新闻机构如下。

毛里塔尼亚新闻通讯社，系官方通讯社，1975 年成立时称毛新社，1990 年与毛里塔尼亚新闻印刷公司合并后改称毛通社。每日用阿拉伯文和法文出通讯稿。在国内各省派驻有通讯员，能全面报道国内新闻。在国外没有记者，所发国外消息主要来源于法新社和路透社，通过阿拉伯联合酋长国通讯社向国外发送消息。除此之外，毛里塔尼亚还有一家私有的新闻机构——"毛里新闻"（Maurinews）。

主要报刊有《人民报》（阿语版）、《视野报》（法语版）和《政府公报》。私有报刊主要有周报《芦苇笔》（Le Calame）、《觉醒周刊》（L'Eveil-Hebdo）和日报《努瓦克肖特消息》。《努瓦克肖特消息》报以阿语版和法语版两种语言发行。

毛里塔尼亚出版事业很不发达，没有正规的出版社，而是由印刷厂兼管出版业务，仅出版发行少量的定期报纸杂志。

除了纸质媒体之外，毛里塔尼亚还通过国家电视台和广播电台发布新闻信息。主要国营电视电台为毛里塔尼亚电视台和毛里塔尼亚广播电台。

毛里塔尼亚电视台，系国营，由伊拉克出资，法国承建。1983 年试播，1984 年正式开播。1996 年，毛里塔尼亚卫星电视接收系统竣工。毛

里塔尼亚国家电视台拥有三个频道，一个频道播放与伊斯兰教相关的节目，其他两个频道的内容则涵盖新闻、体育和其他节目。通过卫星转播，毛里塔尼亚能接收到上百个外国电视频道。私人电视台有萨赫勒电视台（Sahel TV）和欣盖提电视台（Chinguett TV）。

毛里塔尼亚广播电台系国家广播电台，1960 年建立。现使用的广播设备由德国援建，有 2 套节目，每日各播出 16 小时，用阿拉伯语、法语、布拉尔语、索宁克语和沃洛夫语播送。国家广播电台拥有 12 个地区分台，还有专门的青年人电台和古兰经电台。私人电台有撒哈拉媒体电台（Sahara Medias FM）和毛利塔尼德电台（Mauritanid FM）。

2010 年 7 月，国民议会首次立法通过在毛里塔尼亚境内设立私人广播电台的法案，从而结束了近 50 年的国有垄断局面。2011 年 11 月，毛里塔尼亚新闻和广播电视高级管理局给 5 个电台和 2 个电视频道颁发了执照。5 个电台分别是：撒哈拉媒体电台（Sahara FM）、科本尼电台（Radio Cobenni）、毛里塔尼德电台（Mauritanides FM）、藤苇电台（Radio Tenwir）和努瓦克肖特电台（Nouakchott FM）。2 个电视频道分别为毛里视野频道（Mauri-Vision）和瓦坦亚电视频道（Télévision Watanya）。2013 年，管理局又颁发了 3 张新的电视频道执照。

2012 年，中国国际广播电台第 72 个海外分台，也是其在西亚北非地区的首家阿拉伯语和法语电台落地毛里塔尼亚。

第三节　文学、艺术与体育

一　文学

毛里塔尼亚文学包括摩尔族、布拉尔族、索宁克族和沃洛夫族四个民族的文学。在传统文学中，摩尔族使用哈桑语，布拉尔族、索宁克族和沃洛夫族各自使用自己的民族语言。在现代文学中，摩尔族作家主要使用阿拉伯语，黑人作家主要使用法语。摩尔族的传统文学以诗歌为主，散文的地位不太重要。摩尔人擅长诗歌，留下的文学作品大部分为诗歌，散文极少，仅有的散文也是以宗教题材为主。除此之外，摩尔人有丰富的故事、谜语和谚语等传统口头文学。哈桑语故事的题材有神话、寓言、武士战功和部落历史。哈桑语谚语是智慧的结晶，主要反映摩尔人的世界观、社会关系和生活习俗。

布拉尔语书面文学的题材主要是颂扬先知穆罕默德和伊斯兰教。布拉尔语也有诗歌、谚语和谜语等口头文学。索宁克族只有故事、历史传说、谚语、格言等口头文学。沃洛夫族只有故事、寓言等口头文学。毛里塔尼亚现代文学中，诗歌多于小说。诗歌使用阿拉伯语和法语两种文字。小说在毛里塔尼亚是一种外来的文学题材，近代才出现，作品极少。

二 电影和戏剧

毛里塔尼亚在独立初期有过一些电影作品。1966 年 7 月，毛里塔尼亚出现第一家本国人开办的电影院。目前，努瓦克肖特有 11 家电影院，努瓦迪布有 3 家电影院，放映的主要是美国、法国、印度和中国香港的影片，以武打片、西部片①为主。

毛里塔尼亚 1962 年出现了第一个话剧团，后来成立过不少话剧团。1989 年 3 月，毛里塔尼亚业余戏剧协会成立，联合了全国 15 个剧团。毛里塔尼亚戏剧缺少剧本与观众。独立以来戏剧发展几起几落，但也取得了一定的成就。穆萨·迪亚加纳所写的剧本《瓦加杜传说》在 1988 年非洲戏剧节上获得好评，曾在法国演出，并在法国出版，并被改编成电视剧。

至今，在毛里塔尼亚境内拍摄的电影和纪录片主要有：《萨格那堡》（Fort Saganne）（1984 年）、《第五元素》（The Fifth Element，1997 年）、《沙漠之书》（The Books Under the Sand，1997 年）、《没有死亡的生命》（Life Without Death，1997 年）、《迁徙的鸟》（Winged Migration，2001 年）、《期待幸福》（Heremakono，2002 年）和《廷巴克图》（Timbuktu，

---

① 西部片（Western films）是一种源自美国的电影类型，以 19 世纪美国开拓西部疆土为背景，多取材于西部文学和民间传说。

2014年）。

2014年9月21日，毛里塔尼亚总统阿齐兹在中国援建的毛里塔尼亚国际会议中心出席了电影《廷巴克图》的首映式。该片由出生在毛里塔尼亚的电影大师阿伯德拉马纳·希萨柯（Abderrahmane Sissako）导演，影片讲述了廷巴克图被马里伊斯兰叛乱分子占领时期的故事。影片拍摄于毛里塔尼亚东部城市瓦拉塔。

阿伯德拉马纳·希萨柯，1961年10月13日出生于毛里塔尼亚基法，毛里塔尼亚导演、编剧、制片人、演员。1993年，执导个人首部电影《十月》；2002年，凭借剧情片《期待幸福》获得第55届戛纳国际电影节"一种关注"单元费比西奖；2003年，担任第56届戛纳国际电影节"一种关注"单元的评委会主席；2007年，担任第60届戛纳国际电影节评委会成员。2014年，其导演的剧情片《廷巴克图》获得第40届法国电影恺撒奖最佳导演奖、最佳原创剧本奖，第87届奥斯卡金像奖最佳外语片奖提名。2015年，担任第68届戛纳国际电影节短片竞赛单元评委会主席。2016年，担任第19届上海国际电影节评委会成员。

三 音乐

音乐已渗透入毛里塔尼亚文化的每一个毛孔，并深受马格里布与黑非洲地区文化的影响。音乐可表达种种情愫，讲述故事和传统宗教传说。

摩尔族音乐与哈桑语民间诗歌联系密切，是摩尔文化的重要表现形式。摩尔人的传统音乐很有特色，既受非洲音乐的影响，又同阿拉伯音乐十分相似，主要有四种风格：①欢乐风格，以唱颂歌为主；②豪放风格，以唱战歌为主；③柔情风格，以抒情歌为主；④忧伤风格，以思乡和呻吟为主。摩尔族歌曲的主题一般是爱情、史诗、颂歌和讽刺等。

摩尔族中作曲、唱歌由专门的乐师从事。乐师是一个特殊的社会阶层，他们以家庭为单位组织歌舞班，从前大部分依附武士贵族，遇到喜庆日子为主人唱歌跳舞，现在摆脱了对富豪的依附关系，转为受聘为某一家族或某一社会团体庆贺节日演出。他们既受人喜爱，又被人嘲笑；既受人赞赏，又被人蔑视，但在逢年过节的日子里又少不了他们。目前，毛里塔尼亚有几千个家庭在从事歌唱艺术，其中大部分属于 3 个乐师家族。

摩尔族音乐基本为声乐，歌手的音色有时异常沙哑，有时又极其尖锐，由拨弦乐器和打击乐器伴奏。乐师的歌喉分两种，一种称为白嗓子，主要是女声和童声；一种称为黑嗓子，主要是男声，体现力量。大部分歌唱家喜欢用黑嗓子。摩尔族传统乐器主要有以下几种：提迪尼特，名称来源于柏柏尔语，是一种四弦诗琴，由男人演奏，在马里、塞内加尔和尼日尔都有；勒巴卜，一种单弦手摇弦琴；阿尔丹，一种 12～14 弦的竖琴；达加马，一种使用广泛的打击乐器；特博尔，一种大鼓。

毛里塔尼亚摩尔族的著名歌手迪米·曼特·阿巴（Dimi·Mint·Abba）于 1958 年生于毛里塔尼亚的一个音乐世家。她的母亲是一个打击乐手，父亲在 1960 年毛里塔尼亚宣布独立后，为毛里塔尼亚创作了国歌。当她还是个孩子时，母亲就教她弹奏传统乐器阿尔丹。1976 年，她第一次在毛里塔尼亚电台演唱，并凭借高超的演唱技巧赢得了电台主办的比赛，最终在突尼斯的比赛中荣获一等奖，后来成为马格里布地区最受欢迎的女歌手。

现在毛里塔尼亚传统音乐的作用已经同以往不同，不再是为了鼓舞斗志和激励部落之间的战争，而是为了娱乐。年轻一代不太理解传统音乐，逐渐接受和欣赏外国的现代乐曲。新一代乐师保留的传统音乐节目也越来越少，有的音乐家放弃传统的民族音乐，追求现代音乐。伴奏的乐器也在变化，不少乐师用吉他取代四弦诗琴。

毛里塔尼亚有三个艺术家协会：毛里塔尼亚艺术家联盟、毛里塔尼亚艺术家联合会和毛里塔尼亚艺术家协会。

几个世纪以来，一些身兼巫师、乐师及诗人的非洲黑人和手工业者在毛里塔尼亚组成了两个封闭的社会团体。这些团体以延续传统文化和技术为生，并代代相传。他们保存了丰富的、多样的社会文化遗产。这些手工业者（铁匠、鞋匠、织布工人等）为他们所在的社区制造工艺品以及日常生活中不可或缺的实用工具。那些身兼巫师、乐师及诗人的非洲黑人则在社交仪式上吹打乐器、表演诗词歌曲。

随着时代的变化和工业化的到来，以及时尚和现代音乐的多样化发展，这个国家最具代表性的文化遗产渐渐放缓了发展速度。如今，国家并没有通过发展这些文化资源来支援传统文化。在这种情况下，这些文化遗产的坚守者渐渐陷入贫困和难以生存的境地。

为了援助并改善那些手工业者和传统音乐人的生活条件，同时保护这些文化遗产，由西班牙皇家资助的一个旨在消除贫困的组织（F-OMD）协同三大政府部门（文化部、手工艺部和旅游部），以及国家公共机构和许多非政府组织，通过发放贷款的方式开展了一系列活动，以传承文化遗产，使文化资源产生经济效益，让妇女能够自食其力，同时减少年轻艺人的失业和贫穷。

四　体　育

毛里塔尼亚比较普及的体育项目是足球、角力、篮球、排球和滚球戏。1980 年前小学不设体育课，中学有体育课。1980 年开始在小学增设体育课。1985 年 10 月举行全国青年体育节，有 13 个大区 400 多名运动员参加。1988 年 3 月举行中小学生体育节，进行足球比赛，13 个大区的学生足球队参加比赛。1988 年 9 月，毛里塔尼亚仅派了 7 名运动员参加汉城奥运会。毛里塔尼亚成立有足球、篮球、排球、乒乓球、角力、田径、滚球戏等体育项目的协会。

毛里塔尼亚最受欢迎的运动项目是足球，该国是国际足协及非洲足协成员国之一。毛里塔尼亚足球协会成立于 1961 年，负责管理毛里塔尼亚国家男子足球队和举办毛里塔尼亚足球甲级联赛。毛里塔尼亚足球协会1978 年开始参加非洲国家杯赛，1978 年第一次参加世界杯赛预选赛，负于布基纳法索。1977 年以来，它的个别俱乐部队分别参加了非洲俱乐部冠军杯赛和优胜者杯赛。毛里塔尼亚国内的足球联赛开始于 1976 年，杯赛也始于 1976 年。毛里塔尼亚国家男子足球队从 1963 年开始参加国际和洲际足球比赛，其中：1980 年在非洲国家杯预选赛上以 2∶1 战胜马里队；1983 年在西部非洲国家杯预选赛上以 2∶0 战胜贝宁队；1990 年在非洲国家杯预选赛上以 2∶0 战胜冈比亚队；1995 年在非洲国家杯预选赛上以 2∶1

战胜多哥队。全国最著名的足球赛事是"总统杯"。2015年12月，毛里塔尼亚举行了足球超级杯决赛。

2012年4月7日，首届国际马拉松赛在毛里塔尼亚首都努瓦克肖特举行。42公里组的冠军由摩洛哥选手获得，21公里及10公里组的冠军分别由毛里塔尼亚宪兵和军队选手获得。

第八章

外　交 *

毛里塔尼亚奉行独立、和平、中立的外交政策，强调自身的阿拉伯和非洲属性，致力于睦邻友好，积极推动非洲联合及马格里布联盟建设。重视发展与欧盟、海湾国家及国际组织的关系。近年来突出外交为经济服务的方针，努力拓展国际空间，争取更多外援。迄今共与110个国家建立了外交关系。

第一节　外交政策

毛里塔尼亚独立后，在整个20世纪60年代，外交的中心任务是维护其独立，以免受摩洛哥的威胁。达达赫政权坚持与法国维持密切关系，包括允许法国在毛里塔尼亚领土上驻军。在非洲，毛里塔尼亚主要与当时的法语国家来往，因为除了突尼斯之外的其他阿拉伯联盟成员国以及卡萨布兰卡集团（Casablanca Group）的非洲成员国加纳、几内亚和马里三国都支持摩洛哥的领土要求。

毛里塔尼亚于1960年在法国的支持下申请加入联合国，当时大部分黑非洲国家和西方国家均支持毛里塔尼亚的请求。1961年，联合国大会以68票赞成、12票反对、20票弃权的结果通过了毛里塔尼亚的申请。1961年10月27日，毛里塔尼亚正式成为联合国成员国。

---

* 本章主要资料来源于《毛里塔尼亚国家概况》，中华人民共和国外交部网站，http：//www.fmprc.gov.cn/web/gjhdq＿676201/gj＿676203/fz＿677316/1206＿678188/1206x0＿678190/。

毛里塔尼亚

1962 年 1 月，毛里塔尼亚一改之前保守的、亲法国的外交立场，宣布承认阿尔及利亚共和国临时政府，并且拒绝参加由法国支持的撒哈拉国家共同组织（Common Saharan States Organization）的会议。这些独立的外交政策提升了毛里塔尼亚在激进的非洲邻国中的声誉，也强化了其作为北非阿拉伯国家与撒哈拉以南非洲黑人国家之间的桥梁地位。毛里塔尼亚随后与马里达成了和解。在摩洛哥与阿尔及利亚的争端中对阿尔及利亚的支持进一步增进了毛里塔尼亚与阿尔及利亚的双边关系。1964 年 10 月 21 日，当时的阿拉伯联合共和国①也承认了毛里塔尼亚。这一外交胜利促使达达赫政权在外交事务上采取更为积极的立场。

1963 年，毛里塔尼亚加入了非洲统一组织。1964 年，达达赫成为新近成立的非洲 – 马达加斯加经济合作联盟（Afro-Malagasy Union for Economic Cooperation）的第一任主席，这一组织致力于加强法语非洲国家之间的技术和文化合作。后来，由于这一组织违背非洲统一组织宪章，毛里塔尼亚退出了除技术委员会之外这一组织的所有活动。

20 世纪 70 年代早期，毛里塔尼亚继续发挥马格里布地区和撒哈拉以南非洲之间桥梁的作用。在坚持不结盟原则的同时，毛里塔尼亚开始同东欧国家和激进的非洲国家往来。出于对阿拉伯联盟和非洲统一组织立场的支持，毛里塔尼亚并未与以色列、南非及葡萄牙建立外交关系。1969 年，毛里塔尼亚最终与摩洛哥建立了外交关系。

1975 年，西班牙宣布撤离西撒哈拉，并同摩洛哥和毛里塔尼亚分别签署分治西撒哈拉的协议，阿尔及利亚支持的西撒人阵坚持西撒哈拉独立要求，三方为此曾多次发生武装冲突。西撒冲突造成毛里塔尼亚在军事上的失败和外交上的受挫。阿尔及利亚也断绝了同达达赫政权的关系。1976 ~ 1979 年，西撒人阵进一步对毛里塔尼亚施压并且进攻了毛里塔尼亚的弗德里克、祖埃拉特、努瓦克肖特等地。迫于经济压力和政治危机，达达赫的继任者开始寻求从冲突中退出。1979 年 8 月，毛里塔尼亚与西撒人阵签订协定，放弃对西撒哈拉的领土诉求。此后，毛里塔尼亚与摩洛哥的关

---

① 1958 年 2 月 1 日由埃及与叙利亚组成的泛阿拉伯国家，后解体。

系进一步恶化，1981 年，毛里塔尼亚指责摩洛哥支持发生在首都努瓦克肖特的政变阴谋，两国关系随即破裂，与阿尔及利亚及西撒人阵的关系则得到改善。1983 年 12 月，毛里塔尼亚与阿尔及利亚和突尼斯两国签署了和平与友好条约。次年，海德拉政权承认了西撒人阵的地位，这一举动造成了毛里塔尼亚统治层内部分裂并导致了海德拉政权的垮台。

在 20 世纪 80 年代中期，毛里塔尼亚的外交立场是在西撒哈拉冲突中保持严格中立，改善与摩洛哥和阿尔及利亚的关系，并寻求获得法国的安全支持。直到 80 年代后期，与法国的密切关系及对法国发展援助的依赖仍然是毛里塔尼亚外交政策的基石。塔亚政权还努力寻求加强与其他国家的联系，以促进贸易发展和外来投资。

在与国际组织的关系上，毛里塔尼亚除了是联合国成员国之外，还加入了世界银行、国际货币基金组织、世界贸易组织、阿拉伯国家联盟、马格里布联盟、七十七国集团等重要国际组织。

2014 年 12 月 19 日，乍得、马里、尼日尔、毛里塔尼亚和布基纳法索五国元首在毛里塔尼亚首都努瓦克肖特签署协议，宣布成立撒哈拉五国组织。该组织的宗旨是促进地区安全，加强国际及地区间互利合作。成员国将安全、基础设施建设、良政和抵御外部冲击能力建设列为优先合作的四个领域。

毛里塔尼亚在重大国际问题上的立场如下。[1]

在经济全球化和国际经济新秩序问题上，毛里塔尼亚认为经济全球化对发展中国家提出了严峻挑战，但这是世界潮流，不可阻挡。发展中国家迫切需要国际社会更加重视其稳定和发展，特别需要可靠的发展伙伴帮助其融入全球经济体系。发达国家应对发展中国家进行技术和资金转让，减免发展中国家的债务。发展中国家应加强合作，推动建立一个以所有国家协商、合作与团结为基础的公正的、有助于发展中国家经济增长的国际经济新秩序。

---

[1] 引自《毛里塔尼亚国家概况》，中华人民共和国外交部网站，http：//www. fmprc. gov. cn/web/gjhdq_ 676201/gj_ 676203/fz_ 677316/1206_ 678188/1206x0_ 678190/。

在联合国改革问题上，毛里塔尼亚认为国际格局的深刻变化要求联合国安理会扩大其代表体制，支持在公正、民主的原则基础上讨论安理会席位问题。坚持非洲联盟共同立场，认为应从非洲和阿拉伯世界在文明、人口、战略方面的考虑，在安理会给非洲大陆一个常任席位，给阿拉伯国家一个常任席位。

在叙利亚问题上，毛里塔尼亚对叙利亚武装冲突不断升级表示遗憾，认为政治解决叙利亚问题是实现叙利亚持久和平与安全的唯一途径。呼吁有关各方通过政治途径实现叙危机公正、合理的解决，尊重叙利亚主权和领土完整与民族团结，支持联合国－阿拉伯国家联盟叙利亚问题联合特使为促进日内瓦会议再次召开所做的努力。

在恐怖主义问题上，毛里塔尼亚反对一切形式的恐怖主义，呼吁加强国际合作与协调，对恐怖活动予以坚决打击。反对将恐怖主义与特定的国家、宗教联系在一起。认为必须首先消除贫困、边缘化和国家间的不平衡现象，才能最终实现世界的和平与安全。

在中东和平进程问题上，毛里塔尼亚主张通过协商、对话和谈判解决危机和冲突，支持巴勒斯坦在 1967 年边界范围内建立以耶路撒冷为首都的、拥有完全主权的独立的巴勒斯坦国，同时于 1999 年 10 月与以色列建立了大使级外交关系。认为联合国大会、安理会等应团结一致，努力推动阿拉伯和平倡议的实施，根据马德里和会精神、"土地换和平"原则和路线图计划恢复和谈是实现中东全面持久和平的唯一途径。

在非洲联盟发展和非洲局势问题上，毛里塔尼亚认为，实现粮食安全、工农业发展和减贫是非盟最基本的目标。今天的非洲应以一个声音对外，努力实现发展与强盛，消除疾病、贫困、战争和冲突，建设良政，尊重人权，实现整个大陆的可持续发展。对非洲地区安全局势表示关注，呼吁非洲各国本着团结的精神和友好协商的原则，在非盟框架内和平解决存在的问题，尽早实现非洲大陆的和平与发展。认为非洲人的问题应由非洲人自己解决，非盟有能力在维护域内和平、调解有关冲突方面发挥重要作用。呼吁建立非洲快速反应部队，第一时间应对危机。赞成实现非洲一体化，主张更有效地发挥非盟的作用。呼吁发达国家与非洲建立平等合作伙伴关系，加大对非援助和投资，要求国际金融机构协调立场，减免非洲日益严重的债务。2014 年 1 月，毛里塔尼亚总统阿齐兹当选为非盟轮值主席，任期一年。

毛里塔尼亚致力于推动马格里布一体化进程，强调马格里布联盟应加强与西地中海沿岸国家之间的对话以及与欧盟之间的合作。毛里塔尼亚1984 年承认"阿拉伯撒哈拉民主共和国"。塔亚执政后，宣布在西撒问题上恪守中立，支持联合国为和平解决西撒问题所做的努力，认为公正、妥善地解决这一问题有利于该地区的和平与稳定。

第二节　与大国的关系

一　与法国的关系

毛里塔尼亚曾是法国的殖民地和法兰西共同体的成员之一，在政治、经济等方面与法国具有密切的传统关系。1961 年两国签订了经济、金融、技术、文化和军事领域的合作与援助协定。

达达赫执政时期，虽然毛里塔尼亚在阿尔及利亚独立问题、法国在撒哈拉地区进行核试验以及对南非进行军售等问题上反对法国执行的政策，但两国还是维持着友好的双边关系。在毛里塔尼亚担任政府技术顾问、行政管理人员、教师和法官的法国公民很多。法国也对毛里塔尼亚提供了大量的发展援助。在 1976~1979 年，当毛里塔尼亚单方面宣布从西撒冲突中退出时，法国还曾向毛里塔尼亚提供空中和地面军事支持以反击西撒人阵的袭击。但随着毛里塔尼亚的立场逐渐转向西撒人阵，法国与毛里塔尼亚的双边关系开始恶化。1979 年 5 月，毛里塔尼亚要求法军从努瓦迪布撤出，法国则缩减了对毛里塔尼亚的发展援助。1981 年，由于摩洛哥对于努瓦克肖特政变的支持，海德拉转而寻求法国为毛里塔尼亚的领土完整提供安全保证，双方达成协议。此后，海德拉及其继任者塔亚分别于1984 年和 1987 年获得法国的支持。

1991 年，法国向毛里塔尼亚提供 6050 万美元财政援助和 2000 吨粮

食援助。1998年，两国贸易额为14亿法郎。法国在毛里塔尼亚的侨民和各部门专家有4000多人，6月，两国签署了合作伙伴框架协议。1999年，两国关系因达达赫事件骤然降温。2000年4月，达达赫潜逃回国，两国关系未有改善，但法国继续向毛里塔尼亚提供总额近10亿乌吉亚的经济援助。法国政府对塔亚总统持欢迎态度，塔亚总统多次访法。

2001年，毛里塔尼亚主动与法国改善关系。4月，毛里塔尼亚外长访法，6月，法国外长回访毛里塔尼亚，两国关系随即升温。"9·11"事件之后，两国总统两次互通电话，表明一致立场。2002年1月，毛里塔尼亚与法国签订了一系列法国对毛里塔尼亚提供援助的协议，总金额为2800万美元。2004年，毛里塔尼亚总理穆巴拉克代表塔亚总统赴法国出席在土伦举行的诺曼底盟军登陆60周年纪念活动。12月，毛里塔尼亚国防部部长赴法国出席欧洲－地中海"5+5"论坛国防部长会议。2007年10月，毛里塔尼亚总统阿卜杜拉希访问法国，与法国总统萨科齐举行会谈，双方签署了2007~2011年双边合作框架协议。2007年11月26日，毛里塔尼亚经济与财政部部长和法国驻毛里塔尼亚大使在努瓦克肖特签署了两国债务免除双边协议附加条款。根据该附加条款，法国免除了毛里塔尼亚80万欧元的债务。2008年7月，阿卜杜拉希总统赴法出席了"地中海联盟"峰会。

2008年8月毛里塔尼亚发生政变后，法国参与国际联络小组，积极调解毛里塔尼亚政治问题。

2009年10月，阿齐兹总统访法，会见法国总统萨科齐。双方讨论了双边合作、地区反恐、打击非法移民、毒品走私和有组织犯罪等问题。2012年10月，阿齐兹总统在马耳他出席地中海南北岸国家"5+5"对话会议期间，会见了法国总统奥朗德。2013年1月，阿齐兹总统在出席阿布扎比可再生能源与水资源峰会期间，会见了法国总统奥朗德。4月，毛里塔尼亚外交与合作部部长哈马迪同法国外长法比尤斯在努瓦克肖特签署两国2013~2015年合作伙伴框架文件。2014年5月，法国国防部部长勒德里昂访问毛里塔尼亚。法国内政部部长伯纳德赴毛里塔尼亚出席萨赫勒五国内政部长会议。6月，毛里塔尼亚大选结果公布后，法国总统奥朗德、外长法比尤斯分别致电祝贺阿齐兹当选连任。2015 年底，阿齐兹总统出席在巴黎举行的第 21 届联合国气候变化大会。2016 年 9 月，法国议会代表团、法国国家反恐部队中将访问毛里塔尼亚。[①] 2017 年 6 月，法国财长和外长陆续访问毛里塔尼亚，签署了 1800 万欧元的援助协议，主要用于毛里塔尼亚的教育和就业领域。7 月，阿齐兹总统在出席萨赫勒五国集团巴马科特别峰会期间，与法国总统马克龙会谈。

二 与美国的关系

美国于 1961 年 11 月 28 日承认毛里塔尼亚，是首个承认毛里塔尼亚独立的国家，时任美国总统艾森豪威尔曾向达达赫总理发去贺电。同日，两国建立外交关系。1962 年 7 月 14 日，位于努瓦克肖特的美国大使馆落成。1967 年 6 月阿以战争爆发后，毛里塔尼亚宣布与美国断绝外交关系。1969 年 12 月 22 日，毛里塔尼亚与美国发布联合公报，两国外交关系恢复，次年，美国驻毛里塔尼亚大使馆重建。两国在反对恐怖主义、粮食安全、贸易发展以及人权等多方面存在合作关系。

美国每年向毛里塔尼亚提供小额援助。1990 年因毛里塔尼亚支持伊拉克，美国一度停止援助，1995 年后逐步恢复，每年为 500 万～600 万美元，但仅限于人道主义方面。1999 年毛里塔尼亚与以色列建交后，毛美两国关系迅速发展。美国虽未恢复对毛里塔尼亚政府的贷款，但积极推动双边和多边金融机构向毛里塔尼亚提供经济援助并支持减免毛里塔尼亚的债务。2002 年 1 月，美国宣布将毛里塔尼亚列入美－非经济合作法案所规定的以优惠税率对美出口一年的国家名单。"9·11"事件发生数小时后，毛里塔尼亚总统塔亚即致电美国总统布什并接见美国代办表示慰问。此后，毛里塔尼亚按照美国的要求冻结恐怖分子资产，逮捕恐怖分子嫌犯。2004 年 1 月，美国国务院行政事务助理国务卿、助理国防部长先后访问毛里塔尼亚。6 月，毛里塔尼亚外交合作部部长贝拉勒访问美国。

---

① 《毛里塔尼亚国家概况》，中华人民共和国外交部网站，http://www.fmprc.gov.cn/web/gjhdq_676201/gj_676203/fz_677316/1206_678188/1206x0_678190/。

2005 年毛里塔尼亚发生军事政变后，美国对此予以谴责，但表示支持毛里塔尼亚向民主政权过渡，并为毛里塔尼亚 2007 年的选举提供了相关的援助。2008 年 6 月 15 日，美国向毛里塔尼亚赠送了包括医疗器械、食品、学生用品和衣物在内的 140 吨物资，总价值 80 万美元。2008 年 8 月毛里塔尼亚发生政变后，美国采取了停止经济援助、限制旅行等制裁措施。美国参与国际联络小组，积极调解毛里塔尼亚政治问题。①

2009 年阿齐兹当选总统后，美国与毛里塔尼亚的关系得到改善。双边援助也得以恢复。2012 年 3 月，美国驻毛里塔尼亚大使宣布美国将提供 500 万美元帮助毛里塔尼亚抗旱。该项目主要由美国国际发展署（USAID）负责。根据协议，其中 200 万美元将由美国国际发展署拨付给无政府组织世界宣明会②执行，主要帮助毛里塔尼亚南部康科萨地区的居民；另外 300 万美元将转交给世界粮食计划署用于应对毛里塔尼亚可能出现的紧急救助。5 月，美国国际开发署向毛里塔尼亚提供了 1000 万美元紧急援助。美国还通过世界粮食计划署提供了 500 万美元的食品援助，包括提供 3270 吨大米和 60 吨植物油，用于救助毛里塔尼亚东部的灾民。此外，世界粮食计划署还收到美国政府提供的 300 万美元现金，用于向干旱区百姓发放生活费。

毛里塔尼亚是跨撒哈拉反恐合作伙伴关系（Trans-Sahara Counterterrorism Partnership，TSCTP）的成员之一，与美国在反恐方面开展合作。2014 年 8 月，阿齐兹总统以毛里塔尼亚总统、非盟轮值主席身份赴美出席第一届美非峰会。2015 年，美国非洲司令部司令罗德里格斯、美国非洲特别参谋部参谋长唐纳德将军和美国非洲事务助理副国务卿、美空军驻非洲和欧洲参谋长雷伊将军分别率团访问了毛里塔尼亚。③

---

① 《毛里塔尼亚国家概况》，中华人民共和国外交部网站，http：//www. fmprc. gov. cn/web/gjhdq_ 676201/gj_ 676203/fz_ 677316/1206_ 678188/1206x0_ 678190/。
② 世界宣明会，1950 年由美国牧师卜皮尔（Dr. Robert Pierce）创立，是一个国际性救援及发展机构，目前总部设在英国伦敦，国际联络处设在瑞士日内瓦。
③ 《毛里塔尼亚国家概况》，中华人民共和国外交部网站，http：//www. fmprc. gov. cn/web/gjhdq_ 676201/gj_ 676203/fz_ 677316/1206_ 678188/1206x0_ 678190/。

三　与中国的关系

1965 年 7 月 19 日,毛里塔尼亚与中国建交。建交后,毛里塔尼亚历届政府对中国友好,两国关系持续稳定发展。毛里塔尼亚长期旗帜鲜明地坚持一个中国的原则,不与台湾地区发生任何官方关系。自 1965 年以后,毛里塔尼亚一直是要求恢复中华人民共和国在联合国一切合法权利的联合国提案国之一。毛里塔尼亚先后推动乍得、喀麦隆、尼日尔、塞内加尔、上沃尔特(今布基纳法索)、加蓬、冈比亚同中国建立了外交关系。毛里塔尼亚和中国在重大国际问题上观点基本一致,两国在国际组织中积极配合,相互支持。两国建交后,友好合作关系不断发展,领导人会晤频繁。达达赫总统、海德拉主席、塔亚及阿齐兹总统都曾到中国访问。

中毛两国贸易始于 1964 年,1967 年,两国政府签订现汇贸易协定;1984 年,双方签署关于成立两国经贸混委会协定;1988 年,在毛里塔尼亚首都努瓦克肖特召开了第一届混委会会议。中毛渔业合作始于 1991 年,同年 8 月,两国签署政府间渔业合作协定。2000 年,中国外交部部长唐家璇访问毛里塔尼亚,两国政府签署了《中华人民共和国政府和毛里塔尼亚伊斯兰共和国政府经济技术合作协定》。4 月,毛里塔尼亚贸易、手工业和旅游部部长艾哈迈迪·哈马迪率政府和企业家代表团访华,中国外贸部石广生部长与哈马迪部长分别代表两国政府签署了新的双边贸易协定。10 月,毛里塔尼亚外交合作部部长艾哈迈德和经济事务与发展部部长纳尼率团出席中非合作论坛——北京 2000 年部长级会议。12 月,中国农业部副部长齐景发率团出席在努瓦克肖特举行的中毛渔业混委会会议,会后双方签署了中毛渔业混委会会谈纪要。

2001 年两国贸易额为 3424 万美元。中国主要出口茶叶、纺织品、轻工和机电等产品,进口的商品主要为阿拉伯树胶。截至 2002 年底,双边投资项目 4 个,投资协议额 384.8 万美元,其中中方投资 373.8 万美元。

中毛经贸合作进一步发展,中国已成为毛里塔尼亚第一大贸易伙伴。2013 年双边贸易额 23.37 亿美元,同比增长 21.72%。其中中国进口 17.39 亿美元,同比增长 18.71%;出口 5.98 亿美元,同比增长 31.39%。

中国主要出口商品为绿茶、轻纺产品、建材、五金、农机和家电等，主要从毛里塔尼亚进口铁矿石和渔业产品等。

据中国商务部统计，2016 年中国对毛里塔尼亚直接投资流量为 1.09 亿美元。截至 2016 年末，中国对毛里塔尼亚直接投资存量为 1.93 亿美元。[①]

在毛里塔尼亚有近 20 家大中型中资企业办事处和机构，有约 2000 名中方人员，主要在土建、电信和渔业等行业工作。除公派人员外，有数百名中国个体人员在毛里塔尼亚从事建筑、制砖、鱼粉加工、餐饮、小型商业等，主要集中在努瓦克肖特和努瓦迪布两个城市，也有少数中国人在此从事农业。[②]

中国对毛里塔尼亚提供了一定数量的经济援助，帮助毛里塔尼亚建设了一些大型的基础设施项目和标志性建筑，包括友谊港、首都国家医院、国家博物馆、青年之家、文化之家、儿童乐园、自来水供应工程、火力发电站、奥林匹克体育场和姆颇利水稻实验农场等。2017 年，中国在毛里塔尼亚的合作项目主要有：农业技术示范中心、畜牧业技术示范中心、首都雨水排放工程、奥林匹克体育场维修、海洋经济产业园、政府办公楼扩建等。2018 年初，中国驻毛里塔尼亚大使张建国与毛里塔尼亚经济财政部部长迪耶签署了经济技术合作协定，中方将提供 3 亿元人民币无偿援助，帮助毛里塔尼亚实施首都立交桥、X 光监测仪器等项目。

在文化交流方面，两国于 1968 年 2 月就签订了双边文化协定。毛里塔尼亚自 1975 年以来派出多名留学生来中国留学，主要学习医学、理工、港口管理、海洋生物、植物保护、农艺、外交以及汉语等专业。1987 年 1 月，两国达成协议，努瓦克肖特大学从同年 11 月起在该校文学院开设中文班，由中国派教师授课。中国从 1990 年起每年向努瓦克肖特大学中文班 5 名优秀生提供赴华学习的奖学金，在华学习时间 1 年。1974 年，中

---

① 摘自中华人民共和国商务部编《对外投资合作国别（地区）指南——毛里塔尼亚（2017 年）》，第 27 页。

② 摘自中华人民共和国商务部编《对外投资合作国别（地区）指南——毛里塔尼亚（2017 年）》，第 6～7 页。

国曾向毛里塔尼亚派出乒乓球、足球教练。2000 年，毛里塔尼亚在华留学生共 20 人，截至 2014 年，中国共接受毛里塔尼亚学生 343 人在华学习。中国自 1987 年起向毛里塔尼亚派遣汉语教师，目前有 4 名汉语教师在毛里塔尼亚任教。

在广播电视合作方面，2012 年 4 月，中国国际广播电台毛里塔尼亚努瓦克肖特调频 FM95.71 电台正式开播，这是国际台在西亚北非地区的首家电台。2015 年 3 月 3 日，毛里塔尼亚与中国签署了《中华人民共和国国家新闻出版广电总局授权毛里塔尼亚电视台播放中国影视节目的合作协议》。

在医疗合作方面，几十年来，两国一直坚持合作，不断有中国医疗队赴毛里塔尼亚进行医疗救助。医疗队小组分布在毛里塔尼亚国家公共健康研究中心、国家医学中心以及基法、塞利巴比等地区医院，向毛里塔尼亚人民提供医疗和体检服务，受到毛里塔尼亚人民的欢迎和好评。2005 年12 月 28 日，中毛双方分别由中国驻毛里塔尼亚大使李国学和毛里塔尼亚卫生和社会事务部部长贝海德代表各自政府在毛里塔尼亚首都努瓦克肖特签订了《关于中国派遣医疗队赴毛里塔尼亚工作的议定书》。该议定书规定中方将派遣由 27 人组成的医疗队到毛里塔尼亚工作，工作期限自 2006年 7 月 1 日至 2008 年 6 月 30 日止。至 2016 年，中国援助毛里塔尼亚的医疗队已派到第 31 期。目前的医疗队共计 27 名队员，其中医护人员 24名，有 6 名在首都医院，4 名在国家公共卫生研究院工作，其余队员均在偏远的艰苦地区工作（基法医院 7 名，塞利巴比医院 7 名）。治疗专业科室涵盖骨科、放射科、麻醉科、普外科、妇产科、内科、眼科、护理、流行病学、细菌病毒学、食品卫生和水质检验等。由中国政府援建的基法新医院，拥有 150 张病床，面积约 1200 平方米，工程已于 2016 年 4 月竣工，并于 6 月 22 日正式移交毛里塔尼亚政府。

在双边互访方面，2015 年 7 月，中国国家主席习近平与毛里塔尼亚总统阿齐兹、中国外交部部长王毅与毛里塔尼亚外长苏维娜就中毛建交50 周年互致贺电。9 月，阿齐兹总统来华进行国事访问并出席 2015 年中阿博览会开幕式。在此期间，习近平主席同阿齐兹总统举行了会谈。2016年 12 月，中国人大副委员长向巴平措访问毛里塔尼亚。2017 年 3 月，中

国商务部副部长钱克明率经贸代表团访问毛里塔尼亚，与毛方共同举办了中毛第三届经贸混委会，并签署了一系列协议。2017年5月，中国外交部部长王毅率代表团访问了毛里塔尼亚。2018年4月，中国中联部副部长李军率中共代表团访问毛里塔尼亚，会见了阿齐兹总统，并与毛里塔尼亚执政党争取共和联盟主席马哈姆举行会谈。

第三节　与周边国家的关系

一　与马格里布联盟的关系

马格里布联盟（Union of the Arab Maghreb；Union du Maghreb Arabe-UMA）成立于1989年2月17日，由摩洛哥、突尼斯、阿尔及利亚、利比亚和毛里塔尼亚五个地处北非马格里布地区的国家组成，简称马盟。

早在1964年，摩洛哥、阿尔及利亚、利比亚和突尼斯就共同建立了马格里布常设顾问委员会，以协调各成员国发展计划。此后又成立了数个特别分委会来建立共同的贸易、工业、交通和国家财政政策。1983年，马格里布国家进行了双边和多边接触，阿尔及利亚与突尼斯签署了友好睦邻条约，解决了边界问题，毛里塔尼亚也签署了加入突尼斯－阿尔及利亚友好和睦条约的议定书。断交7年之久的阿尔及利亚和摩洛哥两国元首在这一年进行了会晤，恢复了接触。到1989年，成员国发现按部门进行贸易自由化未能实现自由化目标，同时又担心欧洲共同市场会对其经济产生不利影响，因此四个国家和毛里塔尼亚于2月17日签署条约，建立了马格里布联盟，作为共同市场，以增加同欧共体的谈判力量。1995年12月22日，摩洛哥指责阿尔及利亚直接插手西撒哈拉问题，要求暂时中止马盟活动，并拒绝担任下轮主席国，此后马盟活动基本陷入停顿。2000年4月，首届欧非首脑会议期间，阿尔及利亚、摩洛哥、利比亚、突尼斯四国元首实现多年来的首次集体会晤，重申区域一体化是其战略选择。2003年12月21~22日，马盟外长理事会议在阿尔及利亚首都阿尔及尔举行。

毛里塔尼亚对马格里布国家采取睦邻友好与平衡政策，努力同马格里布所有国家保持良好关系，加强在经济、文化、科研等方面的友好合作。但毛里塔尼亚是马盟五国中唯一与以色列保持外交关系的国家，这就影响了其与利比亚、阿尔及利亚的关系。2004 年下半年，因毛里塔尼亚指责利比亚支持毛里塔尼亚政变分子，两国关系恶化，后经马盟调解得到缓和。2008 年 8 月政变后，毛里塔尼亚派特使访问马盟国家，阿尔及利亚表示谴责以违宪方式更替政权，毛里塔尼亚应该恢复宪政秩序，以对话和磋商方式解决当前危机。利比亚也多次派特使访问毛里塔尼亚进行调解。2009 年 7 月 18 日大选期间，马盟派观察员赴毛里塔尼亚监督选举，对选举过程和结果表示认可。西亚北非政局剧变后，毛里塔尼亚着力加强与马盟国家新政权的关系。

2012 年 5 月，毛里塔尼亚外长哈马迪出席在突尼斯举行的马盟外长会。截至 2013 年 5 月，马盟外长会共召开了 31 次会议，第 31 届马盟外长会议在拉巴特召开，会议重点讨论了马格里布一体化进程及地区安全形势等议题。

2014 年 1 月，阿齐兹总统赴突尼斯出席突尼斯制宪会议特别大会。毛里塔尼亚总统大选期间，来自摩洛哥、阿尔及利亚等国家和地区组织的观察团均对大选组织工作给予积极评价，对选举过程和结果表示认可。摩洛哥国王穆罕默德六世、阿尔及利亚总统布特弗利卡、阿拉伯马格里布联盟秘书长哈比卜相继发电祝贺阿齐兹成功连任。8 月 2 日，阿尔及利亚民族院议长本萨拉赫、摩洛哥众议院议长加拉卜出席阿齐兹总统就职典礼。2015 年 2 月，第 14 届马盟人力资源部长委员会会议在努瓦克肖特举行。12 月，海德明总理与突尼斯总理绥德在突尼斯共同主持毛突合作高级混委会第 17 届会议。2016 年 3 月，突尼斯总统特使、突尼斯外长朱海纳维访问毛里塔尼亚。4 月，阿尔及利亚总统特使，也是马盟、非盟和阿盟事务部部长梅萨赫勒访问毛里塔尼亚。10 月，阿齐兹总统在洛美出席非盟特别峰会期间，会见阿尔及利亚总理萨拉勒。2017 年 7 月，阿齐兹总统在出席非盟第 29 届峰会期间会见阿尔及利亚总理特本。10 月，阿尔及利亚总统布特弗利卡特使访问毛里塔尼亚，会见阿齐兹总统，转交阿尔及利亚总统亲笔信。

二　与塞内加尔的关系

毛里塔尼亚与塞内加尔是邻国。1960 年 11 月 28 日两国建交。1978
年，两国达成边界相互谅解协议。1989 年 4 月，两国因边民冲突酿成大
规模相互驱赶侨民事件，8 月，两国断绝外交关系。1989～1991 年，两国
因塞内加尔河边界划分和放牧权问题发生战争，两国外交关系随即破裂。
此次冲突在两国均造成了大量的难民，成为影响两国关系发展的重大问题
之一。

1992 年 4 月，双方签署了恢复外交关系的联合公报，并恢复航空、
邮电和陆界的联系。1993 年，两国实现关系正常化，双边合作发展顺利，
影响两国关系的难民问题也逐步得到解决。滞留在塞内加尔境内的毛里塔
尼亚难民尚有 6 万多名。1998 年，两国再度发生小规模边界冲突。2000
年，两国在开发、利用塞内加尔河水资源问题上出现分歧，关系一度趋于
紧张。6 月，塞内加尔瓦德总统赴毛里塔尼亚访问，两国关系逐步缓和。
2003 年 8 月，瓦德总统再次访问毛里塔尼亚。2004 年 4 月，塔亚总统应
邀出席塞内加尔独立 44 周年庆典活动，其间会晤了塞内加尔总统瓦德。
此外，两国总统多次互派信使和部长互访，接触频繁。

2008 年 9 月，塞内加尔表示反对毛里塔尼亚政变，但也批评毛里塔
尼亚总统阿卜杜拉希解除阿齐兹等军官职务的行为。塞内加尔外长多次赴
毛里塔尼亚了解毛里塔尼亚政变后有关情况。2009 年 5 月，塞内加尔与
非盟、利比亚等一起就毛里塔尼亚问题进行调解。5 月 28 日至 6 月 3 日，
毛里塔尼亚问题国际磋商会议在塞首都达喀尔举行，毛里塔尼亚国内三派
政治力量在此次会议上达成协议，结束了政治危机。

2012 年 2 月，塞内加尔总理恩迪亚耶访问毛里塔尼亚。3 月，阿齐兹
总统电贺萨勒当选塞内加尔新总统；4 月，阿齐兹总统出席在塞内加尔首
都达喀尔举行的新总统就职仪式；7 月，阿齐兹总统在出席非盟首脑会议
期间会见塞内加尔总统萨勒；9 月，萨勒总统对毛里塔尼亚进行正式访
问。2013 年 2 月，阿齐兹总统在出席第 12 届伊斯兰合作组织峰会期间会
见萨勒总统；9 月，阿齐兹总统对塞内加尔进行友好访问。2014 年 5 月，

塞内加尔内政部部长迪亚鲁赴毛里塔尼亚出席萨赫勒五国集团内政部长会议；6月，塞内加尔内政部部长迪亚鲁访问毛里塔尼亚；7月，塞内加尔总统萨勒致电阿齐兹祝贺其成功连任；8月2日，塞内加尔总统萨勒出席阿齐兹总统就职典礼。2015年7月，塞内加尔总统萨勒出席在毛里塔尼亚举行的泛非绿色长城机构成员国第三次首脑会议；9月，阿齐兹总统在出席第70届联大一般性辩论期间会见同时出席大会的塞内加尔总统萨勒。2016年4月，塞内加尔总理迪奥纳访问毛里塔尼亚；12月，塞内加尔总统特使访问毛里塔尼亚。2017年7月，塞内加尔总参谋长访问毛里塔尼亚；8月，塞内加尔畜牧业部部长访问毛里塔尼亚；10月，塞内加尔外长访问毛里塔尼亚，会见阿齐兹总统，转交塞总统萨勒亲笔信。①

三 与马里的关系

1963年，毛里塔尼亚与马里签署边界条约；1984年两国就确定边界走向问题达成协议；1986年4月，两国边界问题混委会在巴马科举行，商讨树立界碑问题；2002年4月，双方主管部长发表联合声明，宣布两国边界全部划定。2003年2月，马里总统杜尔对毛里塔尼亚进行友好访问。5月，杜尔总统赴毛里塔尼亚出席第十三届塞内加尔河流域开发组织首脑会议；6月，马里政府发表声明谴责毛里塔尼亚发生的未遂军事政变，杜尔总统特使、外交部负责侨务和非洲一体化的部长级代表迪科赴毛里塔尼亚会见塔亚总统，表示马里对毛里塔尼亚政权的支持。2005年1月，毛里塔尼亚总统塔亚访问马里。2006年2月，杜尔总统访问毛里塔尼亚，会见毛里塔尼亚军事委员会主席瓦尔。2007年4月，杜尔总统出席毛里塔尼亚总统阿卜杜拉希就职仪式；6月，毛里塔尼亚总统阿卜杜拉希出席杜尔总统连任就职仪式。

2008年8月，毛里塔尼亚政变后曾派"国务委员会"委员访问马里寻求支持。2009年8月，杜尔总统出席毛里塔尼亚新任总统阿齐兹就职

---

① 《毛里塔尼亚国家概况》，中华人民共和国外交部网站，http://www.fmprc.gov.cn/web/gjhdq_676201/gj_676203/fz_677316/1206_678188/1206x0_678190/。

典礼。2010年9月，毛里塔尼亚总统阿齐兹出席马里独立50周年庆典。2011年5月，马里外长马伊加访问毛里塔尼亚；6月，两国军方开会讨论应对基地组织马格里布分支在两国边境地区活动的问题。2012年6月，马里过渡政府总理迪亚拉访问毛里塔尼亚。2013年1月，马里过渡政府总理西索科访问毛里塔尼亚；3月，马里过渡期总统特拉奥雷访问毛里塔尼亚；6月，毛里塔尼亚总理拉格达夫访问马里；10月，马里外长穆罕默德访问毛里塔尼亚。2014年1月，马里总统凯塔访问毛里塔尼亚；2月，凯塔总统赴毛里塔尼亚出席萨赫勒地区五国元首峰会；5月，毛里塔尼亚总统、非盟轮值主席阿齐兹访问马里并进行斡旋，帮助马里政府与图族武装达成停火协议。

四　与摩洛哥的关系

毛里塔尼亚与邻国摩洛哥的外交关系，受西撒哈拉问题影响较大。独立初期，摩洛哥认为毛里塔尼亚是摩洛哥领土的一部分，两国关系处于紧张状态，后经阿尔及利亚斡旋，毛里塔尼亚与摩洛哥于1969年建交。此后，两国关系经历了密切—紧张—对立的变化过程。20世纪70年代，摩洛哥加强和发展了同毛里塔尼亚在多方面的友好合作，两国签署了贸易、渔业、邮电交通、经济、文化和科学技术等方面的合作协定。1975年，两国签署了划分两国边界的协定，"分治"西撒哈拉。其后，两国就西撒哈拉问题签订《军事同盟条约》和《共同防御条约》。1979年，毛里塔尼亚与西撒人阵签订了《阿尔及尔和平协议》，毛里塔尼亚决定放弃其对西撒哈拉的领土要求并撤出西撒哈拉后，摩洛哥军队立即占领西撒哈拉全境，两国关系开始紧张和对立。①

穆罕默德六世继位后，2000年4月，毛里塔尼亚总统塔亚访问摩洛哥。2001年9月，穆罕默德六世国王访问毛里塔尼亚，这是自毛里塔尼亚1960年独立之后，摩洛哥国王的首次访问。双方首脑的成功互访，推

---

① 肖克：《摩洛哥王国》，中东非洲研究网，http：//waas. cass. cn/upload/2011/06/d20110624083411234. pdf。

动了两国关系的深入发展。2003 年 5 月，第三届毛里塔尼亚－摩洛哥合作混委会会议在努瓦克肖特召开。此次混委会会议为期两天，摩洛哥方派出了以总理德里斯若杜为首的包括外交部部长，手工业、社会经济部部长，装备、运输部部长，卫生部部长，渔业部部长和对外经济部部长等多个部长在内的重要代表团。混委会取得了圆满成功，两国总理共同签署了囊括两国发展重要领域的会议纪要；双方内政部部长签署了合作协定和旅游协定；双方外交部部长签署了关于保险的技术合作议定书以及两项有关 2003 ~ 2004 年青年体育和 2003 ~ 2005 年文化活动的合作执行计划；两国卫生部部长签署了卫生领域的合作协定以及关于毛里塔尼亚病人在摩洛哥就医的补充协定；毛里塔尼亚商业、手工业和旅游部部长同摩洛哥手工业、社会经济部部长共同签署了手工业领域项目执行计划。毛里塔尼亚和摩洛哥双方历来在多个领域有合作关系，此次混委会会议的胜利召开进一步加强了双方在关系国计民生的重要领域的具体合作。

2014 年 7 月，毛里塔尼亚总统特使、外交与合作部部长提克迪访问摩洛哥；10 月，摩洛哥外交与合作大臣梅祖阿尔访问毛里塔尼亚。2016 年 6 月，阿齐兹总统特使、外长比赫访问摩洛哥；12 月，阿齐兹总统同摩洛哥国王穆罕默德六世通电话，会见来访的摩洛哥政府首脑班基兰。

五 与阿拉伯国家的关系

1944 年 9 月，在埃及倡议下，阿拉伯各国外长在亚历山大港举行会议，拟订了《亚历山大议定书》，决定成立阿拉伯国家联盟。① 1945 年 3 月 22 日，七个阿拉伯国家（埃及、叙利亚、伊拉克、黎巴嫩、沙特阿拉伯、也门和约旦）的代表在埃及开罗召开会议，通过了《阿拉伯联盟宪章》，宣布阿拉伯国家联盟（League of Arab States，LAS）正式成立，简称阿拉伯联盟或阿盟。1973 年，毛里塔尼亚加入阿盟。

阿盟成立的宗旨是密切成员国间的合作关系，协调彼此间的政治活

---

① 刘洋：《论阿拉伯马格里布联盟一体化的进程与前景》，上海外国语大学硕士学位论文，2007 年。

动，捍卫阿拉伯国家的独立和主权，全面考虑阿拉伯国家的事务和利益，各成员国在经济、财政、交通、文化、卫生、社会福利、国籍、护照、签证、判决的执行以及引渡等方面进行密切合作。目前阿盟成员为二十二个：阿尔及利亚、阿联酋、阿曼、埃及、巴勒斯坦、巴林、吉布提、卡塔尔、科威特、黎巴嫩、利比亚、毛里塔尼亚、摩洛哥、沙特阿拉伯、苏丹、索马里、突尼斯、叙利亚、也门、伊拉克、约旦、科摩罗。

1990 年伊拉克对科威特的入侵，以及随后沙特阿拉伯要求美国将伊拉克逐出科威特，造成阿盟的深刻裂痕。沙特阿拉伯、埃及、叙利亚、摩洛哥、卡塔尔、巴林、科威特、阿拉伯联合酋长国、黎巴嫩、吉布提和索马里都赞同美国军队入驻科威特。除最后三国外，这些国家都或多或少地在军事上卷入了这场战争。而毛里塔尼亚却在伊拉克入侵科威特问题上采取了支持伊拉克的立场，导致毛里塔尼亚与许多阿盟国家关系紧张。1999 年毛里塔尼亚与伊拉克断交后，毛里塔尼亚与阿盟国家的关系才逐渐好转。2009 年，毛里塔尼亚冻结了与以色列的外交关系。

2016 年 7 月 25～26 日，在毛里塔尼亚举行了第 27 届阿盟峰会，安全合作、联合反恐等是此次峰会的主要议题。2017 年 3 月 29 日，第 28 届阿盟峰会在约旦召开，巴勒斯坦问题和叙利亚危机成为峰会的主要议题。

参考文献

一　中文著作

1. 中央编译局编《马克思恩格斯选集》，人民出版社，2013。

2. 中央编译局编《列宁选集》，人民出版社，2012。

3. 《毛泽东选集》，人民出版社，1991。

4. 中国非洲史研究会编《非洲史论文集》，三联书店，1981。

5. 中国非洲史研究会编《非洲通史》，北京师范大学出版社，1984。

6. 李安山：《世界现代化历程·非洲卷》，江苏人民出版社，2013。

7. 顾章义：《崛起的非洲》，中国青年出版社，1999。

8. 陆庭恩：《非洲问题论集》，世界知识出版社，2005。

9. 陆庭恩：《非洲民族主义政党和政治制度》，华东师范大学出版社，1997。

10. 李广一：《非洲：走出干涸》，吉林摄影出版社，2000。

11. 李广一：《非洲名人传》，湖南出版社，1991。

12. 李广一主编《毛里塔尼亚　西撒哈拉》，社会科学文献出版社，2008。

13. 张宏明：《多维视野中的非洲政治变革》，社会科学文献出版社，1999。

14. 徐济明、谈世中主编《当代非洲政治变革》，经济科学出版社，1998。

15. 商务部国际贸易经济合作研究院、商务部投资促进事务局、中国驻毛里塔尼亚大使馆经济商务参赞处：《对外投资合作国别（地区）指南——毛里塔尼亚（2016年）》，2016。

16. 商务部国际贸易经济合作研究院、商务部投资促进事务局、中国驻毛里塔尼亚大使馆经济商务参赞处：《对外投资合作国别（地区）指南——毛里塔尼亚（2017 年）》，2017。

17. 李保平：《非洲传统文化与现代化》，北京大学出版社，1997。

18. 李保平：《传统与现代：非洲文化与政治变迁》，北京大学出版社，2011。

19. 〔法〕G. 德西雷－维耶曼：《毛里塔尼亚史：1900～1934 年》，上海外国语学院德法语系法语组译，上海人民出版社，1977。

20. 李安山：《非洲民族主义研究》，中国国际广播出版社，2004。

21. 李继东：《现代化的延误》，中国经济出版社，1997。

22. 洪永红、夏新华：《非洲法导论》，湖南人民出版社，2000。

23. 夏新华：《非洲法律文化史论》，中国政法大学出版社，2013。

24. 陈沐编著《非洲市场组织》，中国大百科全书出版社，1995。

25. 艾周昌、沐涛：《中非关系史》，华东师范大学出版社，1996。

26. 〔法〕佩鲁东：《马格里布通史：从古代到今天的摩洛哥、阿尔及利亚、突尼斯》，上海师范大学《马格里布通史》翻译组译，上海人民出版社，1974。

27. 〔英〕威廉·托多夫：《非洲政府与政治》，肖宏宇译，北京大学出版社，2007。

二 中文文章

1. 赵慧杰：《毛里塔尼亚民主进程浅析》，《西亚非洲》2008 年第 6 期。

2. 赵慧杰：《西撒哈拉问题与马格里布一体化》，《西亚非洲》2010 年第 8 期。

3. 韩保平、方海、阮雯：《毛里塔尼亚海洋渔业概况》，《现代渔业信息》2011 年第 26 卷第 4 期。

4. 黄宪忠：《中国与毛里塔尼亚渔业合作回顾和展望》，《渔业信息与战略》2013 年第 28 卷第 4 期。

5. 宋国明：《毛里塔尼亚矿业开发、管理与合作》，《国土资源情报》

2006 年第 8 期。

6. 亚黑亚：《毛里塔尼亚与中国经贸关系的初步考察》，《世界经济情况》2010 年第 8 期。

7. 崔克：《毛里塔尼亚贫困问题研究》，吉林大学硕士学位论文，2010 年。

8. 沙里赫：《马格里布联盟国家经贸发展问题研究》，吉林大学博士学位论文，2013 年。

9. 维提：《毛里塔尼亚的银行体系改革与中央银行的作用》，吉林大学硕士学位论文，2010 年。

10. 哲尼：《毛里塔尼亚投资法评析》，吉林大学硕士学位论文，2011 年。

11. 刘洋：《论阿拉伯马格里布联盟一体化的进程与前景》，上海外国语大学硕士学位论文，2007 年。

12. 黄培昭：《欣盖提》，《域外见闻》2015 年第 2 期。

三 英文著作

1. "Africa South of the Sahara 2016", edited by Europa Publications, Routledge, 2015.

2. Alfred G. Gerteiny, Mauritania, London: Pall Mall Press, 1967.

3. C. C. Stewart, E. K. Stewart, Islam and Social Order in Mauritania, Oxford: The Clarendon Press, 1973.

4. Fage, J. D., The Cambridge History of Africa, Cambridge Univercity Press, 1979.

5. Mohammad-Mahmoud Mohamedou, Societal Transition to Democracy in Mauritania, Civil Society Project Studies Series, Cairo: Ibn Khaldoum Center for Development Studies and Dar El-Ameen Publishing, 1995.

6. David Robinson, Paths of Accommodation: Muslim Societies and French Colonial Authorities in Senegal and Mauritania, 1880 – 1920, Ohio: Ohio University Press, 2000.

7. Kevin Shillington, History of Africa, 3rd Edition, Palgrave Macmillan,

毛里塔尼亚

2012.

8. Anthony G. Pazzanita, Historical Dictionary of Mauritania, Scarecrow Press, 2008.

9. World Trade Organization, Trade Policy Review-Mauritania 2011, Bernan Press, 2012.

10. World Bank, Islamic Republic of Mauritania: Poverty Reduction Strategy Paper Implementation Report, http://siteresources.worldbank.org/INTPRS1/Resources/Country – Papers – and – JSAs/Mauritania_ PRSP_ Implementation_ Report.pdf, 2002.

11. International Monetary Fund, Islamic Republic of Mauritania: Poverty Reduction Strategy Paper-Joint Staff Advisory Note, http://www.imf.org/external/pubs/ft/scr/2007/cr0742.pdf.

12. African Development Bank, Mauritania: Results-Based Country Strategy Paper (RBCSP) 2011 – 2015, http://www.afdb.org/fileadmin/uploads/afdb/Documents/Project – and – Operations/Mauritania – RBCSP% 202011 – 2015x.pdf.

四　英文文章

1. Thomas A. Marks, Spanish Sahara—Background to Conflict, *African Affairs*, Vol. 75, No. 298 (Jan., 1976).

2. Mahfoud Bennoune, The Political Economy of Mauritania: Imperialism and Class Struggle, *Review of African Political Economy*, No. 12, Mining (May-Aug., 1978).

3. John Howe, Western Sahara: A War Zone, *Review of African Political Economy*, No. 11 (Jan. – Apr., 1978).

4. David Gibbs, The Politics of Economic Development: The Case of the Mauritanian Fishing Industry, *African Studies Review*, Vol. 27, No. 4, The World Bank's Accelerated Development in Sub-Saharan Africa: A Symposium (Dec., 1984).

182

5. Anthony G. Pazzanita, Mauritania's Foreign Policy: The Search for Protection, *The Journal of Modern African Studies*, Vol. 30, No. 2 (Jun., 1992).

6. The Islamic Republic of Mauritania: The Constitution, *Arab Law Quarterly*, Vol. 9, No. 4 (1994).

7. Raymond M. Taylor, Warriors, Tributaries, Blood Money and Political Transformation in Nineteenth-Century Mauritania, *The Journal of African History*, Vol. 36, No. 3 (1995).

8. Anthony G. Pazzanita, The Origins and Evolution of Mauritania's Second Republic, *The Journal of Modern African Studies*, Vol. 34, No. 4 (Dec., 1996).

9. David Seddon, The Political Economy of Mauritania: An Introduction, Review of African Political Economy, Vol. 23, No. 68 (Jun., 1996).

10. Ron Parker, The Senegal-Mauritania Conflict of 1989: A Fragile Equilibrium, *The Journal of Modern African Studies*, Vol. 29, No. 1 (Mar., 1991).

11. Cédric Jourde, Ethnicity, Democratization, and Political Dramas: Insights into Ethnic Politics in Mauritania, *African Issues*, Vol. 29, No. 1/2, Ethnicity and Recent Democratic Experiments in Africa (2001).

12. Boubacar N'Diaye, To 'Midwife'-and Abort-a Democracy: Mauritania's Transition from Military Rule, 2005 – 2008, *The Journal of Modern African Studies*, Vol. 47, No. 1 (Mar., 2009).

五　网站资料

1. 中华人民共和国驻毛里塔尼亚伊斯兰共和国大使馆经济商务参赞处网站。
2. 中华人民共和国驻毛里塔尼亚伊斯兰共和国大使馆网站。
3. 毛里塔尼亚驻华大使馆网站。
4. 中华人民共和国外交部网站。

5. 毛里塔尼亚国家统计局网站。

6. 毛里塔尼亚国家教育部网站。

7. 联合国网站 – 毛里塔尼亚国家数据页，http：//data. un. org/CountryProfile. aspx？ crName = Mauritania。

8. 世界银行网站，http：//www. worldbank. org. cn/。

9. 国际货币基金组织网站，http：//www. imf. org/external/。

10. 非洲开发银行网站，http：//www. afdb. org/en/countries/north – africa/ mauritania/。

11. 维基百科 – 毛里塔尼亚主页，https：//en. wikipedia. org/wiki/Mauritania。

12. 联合国教科文组织网站 – 毛里塔尼亚国家主页，http：//uis. unesco. org/en/country/mr？ theme = education – and – literacy。

13. The World Factbook，https：//www. cia. gov/library/publications/resources/ the – world – factbook/index. html.

大事纪年

1913～1920 年	毛里塔尼亚成为法国的保护国。
1920 年	法国宣布毛里塔尼亚为其殖民地。
1960 年 11 月 28 日	毛里塔尼亚宣告独立,成立毛里塔尼亚伊斯兰共和国,达达赫成为共和国第一任总统。
1961 年 5 月 20 日	毛里塔尼亚颁布第一部宪法。
1961 年 10 月 27 日	毛里塔尼亚成为联合国成员国。
1961 年 11 月 28 日	毛里塔尼亚与美国建交。
1962 年	毛里塔尼亚航空公司 (Air Mauritanie) 成立。
1963 年	毛里塔尼亚加入非洲统一组织。
1965 年 7 月 19 日	毛里塔尼亚与中国建交。
1967 年 6 月	毛里塔尼亚宣布与美国断绝外交关系。
1969 年	毛里塔尼亚和摩洛哥建交。
1969 年 12 月 22 日	毛里塔尼亚与美国发布联合公报,恢复外交关系。
1972 年	毛里塔尼亚国家工矿公司成立。
1972 年	毛里塔尼亚与塞内加尔、马里成立塞内加尔河流域开发组织。
1973 年	毛里塔尼亚中央银行成立,毛里塔尼亚开始建立本国的金融体制。
1973 年	毛里塔尼亚加入阿拉伯国家联盟。
1975 年	与摩洛哥签署划分两国边界的协定,"分治"西撒哈拉。

1976 年	西撒冲突爆发，毛里塔尼亚卷入战争。
1978 年 7 月 10 日	毛里塔尼亚发生不流血的军事政变，达达赫政权终结，"全国复兴军事委员会"接管国家政权。
1979 年	毛里塔尼亚与西撒人阵签订《阿尔及尔和平协议》，退出西撒冲突。
1980 年 1 月 4 日	海德拉出任军委会主席、国家元首兼总理。
1984 年	毛里塔尼亚发生军事政变，塔亚成为新的国家元首。
1986 年 9 月	由中国援建的"友谊港"开港。
1986 年	毛里塔尼亚被联合国定为世界最不发达国家之一。
1988 年	毛里塔尼亚划定 12 海里领海、200 海里专属经济区。
1989 年 2 月 17 日	毛里塔尼亚加入马格里布联盟。
1989 年	阿尔金海滩国家公园被列入世界自然遗产名录。
1989 ~ 1991 年	毛里塔尼亚与塞内加尔发生边境冲突。
1991 年 7 月 12 日	毛里塔尼亚通过第二部宪法，确立"三权分立"原则，被视为毛里塔尼亚第一部民主宪法。
1991 年 7 月 12 日	1991 年宪法规定阿拉伯语为毛里塔尼亚的官方语言，法语为通用语言。
1991 年 7 月 12 日	1991 年宪法规定伊斯兰教为毛里塔尼亚国教。
1991 年 8 月	塔亚总统宣布开放党禁，颁布政党法，实行多党制。
1992 年 1 月	毛里塔尼亚举行首次总统选举，塔亚当选为共和国总统。
1992 年 3 ~ 4 月	毛里塔尼亚举行国民议会选举和参议院选举。
1996 年	毛里塔尼亚四座古城被列入世界文化遗产目录。
1997 年 8 月	毛里塔尼亚开始接入互联网。
1999 年	毛里塔尼亚进行教育改革。
1999 年 12 月 29 日	毛里塔尼亚邮政公司（国营）成立。

2000 年 5 月	Mattel 通信公司成立。
2001 年 4 月	Mauritel 通信公司成立。
2001 年 6 月	努瓦克肖特特区成立。
2002 年	毛里塔尼亚制定投资法。
2005 年 8 月 7 日	毛里塔尼亚发生军事政变，塔亚被推翻，前国家安全局局长瓦尔领导组成争取公正与民主军事委员会，掌管国家权力。
2006 年	毛里塔尼亚正式进入产油国行列。
2006 年 6 月	毛里塔尼亚举行修宪公投，对 1991 年宪法进行修改。
2006 年 8 月	Chinguitel 通信公司成立。
2007 年 3 月 25 日	独立候选人阿卜杜拉希当选为毛里塔尼亚总统。
2007 年 10 月	毛里塔尼亚航空公司（Air Mauritanie）倒闭，新的毛里塔尼亚航空公司（Mauritania Airways）成立。
2008 年 8 月 6 日	毛里塔尼亚发生政变，以阿齐兹将军为首的"最高国家委员会"接管国家政权。
2009 年 5 月	"争取共和联盟"党成立。
2009 年 6 月 4 日	毛里塔尼亚三大政治党派就组成联合政府、举行民主选举等重要议题达成和解协议，自 2008 年 8 月 6 日政变以来长达 10 个月的国内政治危机出现转机。
2009 年 7 月 18 日	阿齐兹当选为毛里塔尼亚总统。
2009 年 11 月	毛里塔尼亚举行参议院选举。
2009 年	毛里塔尼亚冻结与以色列的外交关系。
2010 年 12 月 23 日	毛里塔尼亚航空公司（Mauritania Airways）倒闭，毛里塔尼亚国际航空公司（Mauritania Airlines International）成立。
2012 年	毛里塔尼亚爆发粮食危机。

2012 年 7 月	毛里塔尼亚与欧盟签署新的渔业协定。
2012 年 7 月	毛里塔尼亚颁布新的投资法。
2013 年 1 月	毛里塔尼亚颁布法令，成立努瓦迪布自贸区。
2014 年 1 月	毛里塔尼亚总统阿齐兹当选为非盟轮值主席，任期一年。
2014 年 6 月 22 日	阿齐兹连任毛里塔尼亚总统。
2014 年 8 月 21 日	毛里塔尼亚组成新一届政府，海德明任总理。
2014 年 9 月	制定 2014～2018 年渔业发展新战略。
2014 年 12 月 19 日	乍得、马里、尼日尔、毛里塔尼亚和布基纳法索五国元首在毛里塔尼亚首都努瓦克肖特签署协议，宣布成立撒哈拉五国组织。
2015 年 1 月	阿布德拉·阿齐兹·乌尔德·达里被任命为毛里塔尼亚央行行长。
2015 年 1 月	毛里塔尼亚举办欣盖提游牧旅游节。
2016 年 7 月	毛里塔尼亚举办阿盟峰会。

索　引

新版《列国志》总书目

亚洲

阿富汗
阿拉伯联合酋长国
阿曼
阿塞拜疆
巴基斯坦
巴勒斯坦
巴林
不丹
朝鲜
东帝汶
菲律宾
格鲁吉亚
哈萨克斯坦
韩国
吉尔吉斯斯坦
柬埔寨
卡塔尔
科威特
老挝
黎巴嫩
马尔代夫

马来西亚
蒙古
孟加拉国
缅甸
尼泊尔
日本
塞浦路斯
沙特阿拉伯
斯里兰卡
塔吉克斯坦
泰国
土耳其
土库曼斯坦
文莱
乌兹别克斯坦
新加坡
叙利亚
亚美尼亚
也门
伊拉克
伊朗
以色列
印度
印度尼西亚
约旦

越南

非洲

阿尔及利亚
埃及
埃塞俄比亚
安哥拉
贝宁
博茨瓦纳
布基纳法索
布隆迪
赤道几内亚
多哥
厄立特里亚
佛得角
冈比亚
刚果
刚果民主共和国
吉布提
几内亚
几内亚比绍
加纳
加蓬
津巴布韦
喀麦隆
科摩罗
科特迪瓦
肯尼亚
莱索托
利比里亚
利比亚

卢旺达
马达加斯加
马拉维
马里
毛里求斯
毛里塔尼亚
摩洛哥
莫桑比克
纳米比亚
南非
南苏丹
尼日尔
尼日利亚
塞拉利昂
塞内加尔
塞舌尔
圣多美和普林西比
斯威士兰
苏丹
索马里
坦桑尼亚
突尼斯
乌干达
西撒哈拉
赞比亚
乍得
中非

欧洲

阿尔巴尼亚
爱尔兰

爱沙尼亚

安道尔

奥地利

白俄罗斯

保加利亚

比利时

冰岛

波斯尼亚和黑塞哥维那

波兰

丹麦

德国

俄罗斯

法国

梵蒂冈

芬兰

荷兰

黑山

捷克

克罗地亚

拉脱维亚

立陶宛

列支敦士登

卢森堡

罗马尼亚

马耳他

马其顿

摩尔多瓦

摩纳哥

挪威

葡萄牙

瑞典

瑞士

塞尔维亚

圣马力诺

斯洛伐克

斯洛文尼亚

乌克兰

西班牙

希腊

匈牙利

意大利

英国

美 洲

阿根廷

安提瓜和巴布达

巴巴多斯

巴哈马

巴拉圭

巴拿马

巴西

玻利维亚

伯利兹

多米尼加

多米尼克

厄瓜多尔

哥伦比亚

哥斯达黎加

格林纳达

古巴

圭亚那

海地

洪都拉斯

加拿大

美国

秘鲁

墨西哥

尼加拉瓜

萨尔瓦多

圣基茨和尼维斯

圣卢西亚

圣文森特和格林纳丁斯

苏里南

特立尼达和多巴哥

危地马拉

委内瑞拉

乌拉圭

牙买加

智利

大洋洲

澳大利亚

巴布亚新几内亚

斐济

基里巴斯

库克群岛

马绍尔群岛

密克罗尼西亚

瑙鲁

纽埃

帕劳

萨摩亚

所罗门群岛

汤加

图瓦卢

瓦努阿图

新西兰

GUIDE to the WORLD NATIONS DATABASE 列国志 数据库
国别国际问题研究资讯平台

全部 图书 文章 文献资料 知识点 图表 图片 音频 视频

全部数据库 ▼

检索   高级检索 对比检索

热词推荐：韩国 自然资源 对外贸易 美国 外交关系 欧洲 经济 南海

当代世界发展问题研究的权威基础资料库和学术研究成果库

国别国际问题研究资讯平台

列国志数据库 www.lieguozhi.com

　　列国志数据库是以"十二五"国家重点图书出版规划项目、中国社会科学院创新工程学术出版资助项目《列国志》丛书为基础，全面整合国别国际问题核心研究资源、研究机构、学术动态、文献综述、时政评论以及档案资料汇编等构建而成的数字产品，是目前国内唯一的国别国际类学术研究必备专业数据库、首要研究支持平台、权威知识服务平台和前沿原创学术成果推广平台。

　　从国别研究和国际问题研究角度出发，列国志数据库包括国家库、国际组织库、世界专题库和特色专题库4大系列，共175个子库。除了图书篇章资源和集刊论文资源外，列国志数据库还包括知识点、文献资料、图片、图表、音视频和新闻资讯等资源类型。特别设计的大事纪年以时间轴的方式呈现某一国家发展的历史脉络，聚焦该国特定时间特定领域的大事。

　　列国志数据库支持全文检索、高级检索、专业检索和对比检索，可将检索结果按照资源类型、学科、地区、年代、作者等条件自动分组，实现进一步筛选和排序，快速定位到所需的文献。

　　列国志数据库应用范围广泛，既是学习研究的基础资料库，又是专家学者成果发布平台，其搭建学术交流圈，方便学者学术交流，促进学术繁荣；为各级政府部门国际事务决策提供理论基础、研究报告和资讯参考；是我国外交外事工作者、国际经贸企业及日渐增多的广大出国公民和旅游者接轨国际必备的桥梁和工具。

数据库体验卡服务指南

※100元数据库体验卡目前只能在列国志数据库中充值和使用。

　　充值卡使用说明：

　　第1步 刮开附赠充值卡的涂层；

　　第2步 登录列国志数据库网站（www.lieguozhi.com），注册账号；

　　第3步 登录并进入"会员中心"→"在线充值"→"充值卡充值"，充值成功后即可使用。

声明

最终解释权归社会科学文献出版社所有。

数据库服务热线：400-008-6695

数据库服务QQ：2475522410

数据库服务邮箱：database@ssap.cn

欢迎登录社会科学文献出版社官网（www.ssap.com.cn）

和列国志数据库（www.lieguozhi.com）了解更多信息

社会科学文献出版社 SOCIAL SCIENCES ACADEMIC PRESS (CHINA) 列国志系列

卡号：8318015384388871

密码：

图书在版编目（CIP）数据

毛里塔尼亚 / 李广一编著. -- 北京：社会科学文
献出版社，2019.4
　（列国志：新版）
　ISBN 978 - 7 - 5201 - 4194 - 9

　Ⅰ.①毛…　Ⅱ.①李…　Ⅲ.①毛里塔尼亚 - 概况
Ⅳ.①K943.1

　中国版本图书馆 CIP 数据核字（2019）第 017066 号

·列国志（新版）·

毛里塔尼亚（Mauritania）

编　　著／李广一

出 版 人／谢寿光
责任编辑／张苏琴

出　　版／社会科学文献出版社·当代世界出版分社（010）59367004
　　　　　　地址：北京市北三环中路甲 29 号院华龙大厦　邮编：100029
　　　　　　网址：www. ssap. com. cn
发　　行／市场营销中心（010）59367081　59367083
印　　装／三河市尚艺印装有限公司

规　　格／开 本：787mm × 1092mm　1/16
　　　　　　印 张：14.25　插 页：0.75　字 数：209 千字
版　　次／2019 年 4 月第 1 版　2019 年 4 月第 1 次印刷
书　　号／ISBN 978 - 7 - 5201 - 4194 - 9
定　　价／79.00 元